가해자가 아니라는 착각

가해자가 아니라는 착각

초판 1쇄 발행 2025년 11월 30일

지은이 서유정
펴낸이 장길수
펴낸곳 지식과감성#
출판등록 제2012-000081호

교정 한장희
디자인 강샛별
편집 강샛별, 이현
검수 정은솔
마케팅 김윤길

주소 서울시 금천구 벚꽃로298 대륭포스트타워6차 1212호
전화 070-4651-3730~4
팩스 070-4325-7006
이메일 ksbookup@naver.com
홈페이지 www.knsbookup.com

ISBN 979-11-392-2940-0(03320)
값 16,900원

• 이 책의 판권은 지은이에게 있습니다.
• 이 책 내용의 전부 또는 일부를 재사용하려면 반드시 지은이의 서면 동의를 받아야 합니다.
• 잘못된 책은 구입하신 곳에서 바꾸어 드립니다.

지식과감성#
홈페이지 바로가기

서유정 지음

가해자가 아니라는 착각

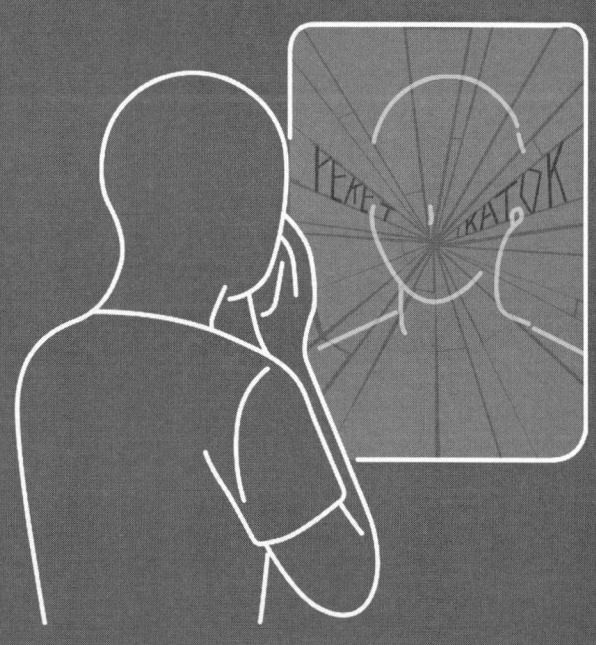

내가 가해자일 리 없어, 동료니까 괜찮아
내가 괴롭힌 것도 아닌데······.

들어가며

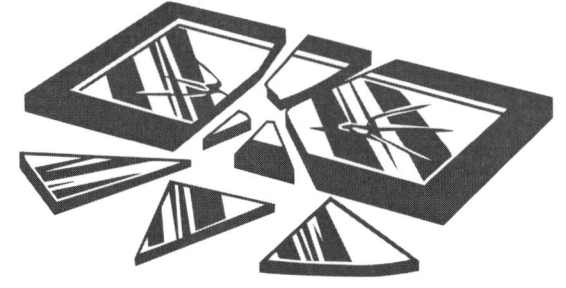

직장 내 괴롭힘 방지법이 시행된 지 벌써 만 7년이 되었습니다. 제가 처음 이 주제를 연구하기 시작했던 2005년쯤만 해도 노사 양쪽에서 다 큰 성인들끼리 무슨 괴롭힘이냐는 반응이 흔했습니다. 지금은 많이 개선되었으나, 성별, 연령대에 따라 민감도는 여전히 다르고, 내가 피해자일 때와 가해자일 때의 인식 차이가 있습니다. 또한 전형적인 괴롭힘(상사-하급자)의 프레임에 갇혀 다른 형태의 괴롭힘은 괴롭힘으로 인식하지 못하는 문제점도 남아 있습니다. 이런 잘못된 믿음은 괴롭힘의 사각지대를 넓히고, 피해자들이 정당한 권리를 누리지 못하게 만듭니다.

우리는 이미 성희롱 문제를 통해 이런 틀에 갇힌 인식이 얼마나 위험한지를 경험한 바 있습니다. 성희롱을 '남성 가해자 vs. 여성 피해자'라는 구도로만 본 탓에, 남성 피해자는 제대로 도움을 받지 못했고, 여성 가해자는 자신의 행동이 성희롱임을 깨닫지 못하는 일이 많았습니다. 동성 간의 성희롱도 성희롱 인정을 받기 어려웠습니다.

하지만 성희롱의 사례를 겪었으면서도 여전히 우리 사회는 다른 괴롭힘 문제와 관련하여 같은 오류를 범하고 있습니다. 이런 사례들은 우리가 알고 있다고 생각한 '직장 내 괴롭힘'이라는 개념이 얼마나 좁은 틀 안에 갇혀있는지 보여줍니다. 이 책은 그 틀을 넓히기 위한 이야기입니다. 우리가 미처 인식하지 못했던 또 다른 피해자와 가해자의 모습을 보여드리고자 합니다. 이 책에 사례를 공유해 주신 모든 분께 진심으로 감사드리며, 같은 고통을 겪는 분들이 더 이상 사각지대에 방치되지 않길 바랍니다.

목차

들어가며   5

I. 반성을 모르는 우리나라의 가해자들

1. 신고의 어려움과 악질 가해자에게 주어지는 면죄부   12
2. 사건처리 방식의 문제점   13
3. 허위신고의 위험성과 그에 노출된 약자들   16
4. 모순된 온정주의: 부당함의 또 다른 이름   18
5. 관리자와 조직문화의 문제   18
6. 반성하면 커지는 법적 책임   19
7. 사후구제 중심 제도의 한계와 기반 없이 도입된 법령   20
8. 직장 내 괴롭힘의 개념과 범위에 대한 이해 부족   20
9. 부모의 방관과 시민의식 교육의 부재   21

II. 사업주의 착각: 내가 (내 측근이) 가해자일 리 없어

1. 악질 가해자란?   28
2. 악질 가해자와 사업주의 관계성   31
3. 악질 가해자의 행위 유형   35
4. 악질 가해자와 사업주의 관계성이 주는 시사점   39

▶ Ⅲ 평사원의 착각: 동료니까, 약자니까 괜찮아

1. 계약직들끼리 무슨 괴롭힘이야?	42
2. 동료들끼리 장난 좀 칠 수 있지	48
3. 후임이니까 괜찮아	52
4. 평사원 가해자의 증가와 책임 의식 부재가 주는 시사점	82

▶ Ⅳ 2차 가해자의 착각: 내가 괴롭힌 것도 아닌데

1. 2차 가해의 개념 이해하기	86
2. 주체별 2차 가해	94
3. 2차 가해의 사례들	100
4. 2차 가해에 대한 둔감성이 주는 시사점	173

▶ Ⅴ 피해자의 착각: 피해자니까 뭘 해도 괜찮아

1. 신고 이전 단계 피해자의 가해화	177
2. 신고 접수 및 처리 단계 피해자의 가해화	183
3. 사건 처분 이후 단계 피해자의 가해화	189
4. 과도한 피해자 중심주의가 주는 시사점	201

정리하며: 왜 스스로를 가해자가 아니라고 믿는가?	203

반성을 모르는
우리나라의 가해자들

우리 사회는 유독 '서로 아는 사이'에서 발생한 괴롭힘에 관대합니다. 가해자 본인뿐만 아니라 사회적인 분위기도 그렇습니다. 모르는 사람이 그런 일을 저질렀다면 즉시 경찰에 신고할 상황도, 지인이나 직장 동료 사이에서 벌어지면 "좋게 해결하자"라며 대수롭지 않게 여기는 경우가 많습니다. 2005년 전후 무렵만 해도 노사 양측이 모두 부적절한 행위에 둔감한 경우가 흔했습니다. 낯선 사람에게 당했다면 심각하게 여길 일도 조직 안에서 벌어졌다는 이유로 덮이곤 했습니다.

다행히 상황이 점점 변화하고 있긴 합니다. 최근 가해자의 행위가 괴롭힘이라고 인정하는 판례나 가해자/사업주에게 형사처벌과 손해배상을 명령하는 판례도 이어지고 있습니다. (〈표 I-1〉 참조).

〈표 I-1〉 직장 내 괴롭힘 관련 판례(예시)

판례	선고일	내용	판결
청주지법 충주지원 2020고단245	2021. 4. 6.	(가해자) - 회식비 강요, 근무시간 임의 조절로 수당 조작 - 업무 중 반복적 욕설 및 폭언("벼락 맞아라, 자식도. 차에 갈려서 박살 나라. 눈알 다 빠져라.") (대표 이사) - 일방적 근무지 변경 - 정당한 사유 없이 사직서 작성 강요 및 통화 내역서 제출 요구 - 괴롭힘 신고 접수 후, 신고인을 무단결근 사유로 해고했다가 복직 명령을 한 뒤 근무지 이동 명령 - 피해자의 증언을 녹음하여 가해자에게 전달	(대표이사) - 징역 6월, 집행유예 2년, 보호감찰 및 120시간 사회봉사 근로기준법 위반(신고인에게 불리한 처우 금지)

법원/사건번호	선고일	사건 내용	판결
수원지방법원 2021나93038	2022. 12. 9.	- 전출을 거절한 피해자를 업무에서 배제, 무단으로 자리 이동 - 업무에 필요한 주요 비품을 회수하여 정상적으로 근무할 수 있는 여건 박탈 - 다른 직원들 앞에서 피해자에게 화를 내며 비속어를 사용하여 모욕 - 근무/휴무 계획표에서 피해자의 이름만 삭제한 채 개시	(가해자) 업무배제 행위 직장 내 괴롭힘 인정
수원지방법원 2022가합10067	2023. 2. 9.	- 가해자(기혼남)가 2021년 2~10월 사이 미혼인 피해자에게 구애행위 반복 - 피해자가 거절하자 자살을 암시하는 이메일과 메시지	(가해자) 거절에도 불구하고 일방적으로 이어진 구애행위에 대해 직장 내 괴롭힘 인정
대전지방법원 2022가합106075	2023. 12. 6.	- 육아기 근로시간 단축근무 중인 피해자에게 본연의 업무가 아닌 다른 내용으로 업무를 지시하고 추궁 - 출장복명 자료와 관련하여 피해자에게만 영수증, 사진 등을 요구	(가해자) 육아기 단축근로자에 대한 업무 압박 직장 내 괴롭힘 인정
대법원 2024다207558	2024. 5. 17.	- 외모 관련 비하 발언 - 상식적인 범위를 넘어서는 질책 - 근무에 필요한 자료, 근무수칙, 출근표 등이 게시되는 인터넷 카페에서 강제 탈퇴 - 중부지방고용노동청에 진정하였으나, 사건은 괴롭힘에 해당하나 피해자가 근로기준법상 근로자가 아니므로 관련 법을 적용할 수 없다고 통보 - 피해자 퇴사 후 자살	(사업주+가해자) 공동으로 1억 6천만 원 배상
춘천지방법원[1]	2024. 9. 5.	- 2023년 3~5월 사이에 86회에 걸쳐 공포심과 불안감을 유발하는 폭언 반복 - 16회 협박 - 4회 주먹으로 머리를 때리는 등 폭행 - 가해행위 결과로 피해자 자살	(가해자) - 징역 2년 6개월 - 협박, 폭행, 정보통신망법 위반

---

1) 사건번호를 확인하지 못하여 관련 기사로 대체.
SBS News(2024. 9. 5.). 스물다섯 청년 죽음 내몬 '직장 내 괴롭힘' 가해자 2심도 실형. 출처: https://news.sbs.co.kr/news/endPage.do?news_id=N1007790047 (검색일: 2025. 2. 8.)

이런 사건을 접할 때 우리는 종종 판결받은 가해자나 사업주를 비난합니다. 하지만 정작 본인이 유사한 행위를 하고 있을 가능성은 잘 돌아보지 않습니다. 심지어 본인의 행위로 타인이 고통스러워하는 모습을 눈앞에서 보면서도 자각하지 못합니다. 이렇듯 성찰 없는 가해자들이 직장 내 괴롭힘 문제를 더욱 어렵게 만듭니다. 특히 한국 사회에서는 신고 후 가해자의 보복이나 2차 피해가 잦습니다. 심각한 가해를 저지른 사람일수록 반성하지 않고, 피해자에게 복수하려는 경향이 있습니다. 피해자는 이런 보복이 두려워 신고를 포기하기도 합니다.

외국에서도 보복 사례가 없지는 않지만, 가해자가 신고 이후 자제할 것이라는 기대가 어느 정도 있습니다. 반면 우리나라에서는 가해자뿐 아니라 그와 친한 동료들까지 보복에 가세하는 경우가 많습니다. 왜 유독 우리나라의 가해자는 반성이 없는 걸까요? 그 이유를 살펴보겠습니다.

1. 신고의 어려움과 악질 가해자에게 주어지는 면죄부

직장 내 괴롭힘 사건 중 실제로 신고까지 이어지는 경우는 매우 드뭅니다. 피해자 중에 비공식적으로라도 사측에 피해를 알리는 건 10~15%에 불과할 것으로 추정되고 있습니다.

왜 이렇게 신고가 어려울까요? 통계를 보면 악질적인 악질 가해자 중 상급 관리자 이상이 차지하는 비율은 무려 75.6%이고, 일반 가해자 중에서도 38.2%가 상급 관리자입니다. 그러나 실제로 신고된 가해자 가운데 상급 관리자는 17.5%에 불과합니다.

〈표 I-2〉 가해자와 신고된 가해자의 직급별 비중(%)

구분	악질 가해자	일반 가해자	신고된 가해자
경영자/임원	75.6	38.2	17.5
상급 관리자			
중간 관리자	14.6	23.7	60.4
평사원	9.8	28.2	22.1
고객/의뢰인 등	-	9.9	-

* 원자료: 서유정·김종우(2023)[2], Seo(2025)[3]

이 수치는 무엇을 말해줄까요? 가장 심각한 가해자는 '권력자'들이고, 권력이 그들을 보호한다는 뜻입니다. 또한 그들의 가해행위가 특히 악질적이어서 그 자체로 피해자에게 공포를 주기도 합니다. 그 때문에 모순되게도 경미한 가해자는 신고되지만, 심각한 가해자는 사람은 법 위에 있는 구조가 만들어집니다. 이런 점 때문에도 신고된 사람들이 "왜 나만?" 하며 억울해하기도 합니다. 이런 현실은 피해자의 신고에만 의존하는 우리나라의 사후 구제 제도가 가진 한계를 잘 보여줍니다. 가장 악질적인 가해자가 감시망 밖에 존재하는 것입니다.

2. 사건처리 방식의 문제점

1) 불신을 낳는 처리 절차, 그리고 피신고인의 반성 부족

신고가 접수된 뒤 조직이 사건을 처리하는 방식에도 적잖은 문제가 있습니다. 사건을 다루면서 피신고인으로 하여금 "절차가 공정하지 않

---

[2] 서유정·김종우(2023). 직장 내 괴롭힘 성립기준 및 조직 모니터링 체계 구축 연구. KRIVET.
[3] Seo, Y. N. (2025). Bullies beside employers: Exploratory analyses of the worst bullies in South Korean workplaces. Paper presented at InPACT 2025. Apr: Budapest.

다", "억울하다"라고 느끼게 만드는 조직이 여전히 흔합니다. 사건마다 비일관적인 처리 절차, 사건 성격과 무관하게 들쭉날쭉한 대응 등 상식이 결핍된 조치를 하는 곳이 흔합니다. 사건 자체의 본질보다 피신고인의 회사 내 위치, 고충 담당자와의 관계, 사업주와의 관계… 이런 것들에 더 영향을 받기 때문입니다.

이런 조직에서 타당한 결과를 기대하긴 어렵습니다. 설령 결과가 타당하더라도 처리 절차가 불공정했다면 그 결과조차 받아들이기 어렵습니다. 절차적 정의는 결과만큼이나 중요합니다.

2) 자기방어권을 보장받지 못하는 피신고인

또 다른 문제는 조직이 피신고인에게 사건 관련 정보를 적절히 제공하지 않는다는 점입니다. 피신고인이 어떤 행위로 신고됐는지도 모른 채 "신고당했다"라는 사실만 듣고 조사에 임해야 하는 경우가 적지 않습니다. 조직은 "증언자 보호"나 2차 가해 방지라는 명분을 내세우지만, 실제로는 피신고인의 자기방어권을 심각하게 침해하는 구조가 됩니다.

괴롭힘 여부가 확정되기 전까지는 피신고인도 보호받아야 할 조직의 일원입니다. 해외 지침에서는 신고가 접수되면 신고서를 복사해 피신고인에게 전달하고, 충분한 설명을 거쳐 조사에 대비할 수 있도록 하고 있습니다. 또한 국내에서도 범죄자를 체포할 때 "무슨 혐의로 체포하는지" 반드시 알려야 합니다. 그런데 정작 범죄자도 아닌 직장 내 피신고인에게 그런 권리조차 보장하지 않는 것입니다.

물론 사건의 모든 내용을 공개할 필요는 없습니다. 대법원에서 신고인과 목격자의 신원을 비공개한 채 징계를 내린 것이 정당하다고 판결

한 판례도 있습니다(대법 2022. 7. 14. 2022두33323). 그러나 최소한 어떤 행위로 신고되었는지, 언제 벌어진 일인지 정도는 알려줘야 합니다. 신고인과 목격자 조사 도중 새로운 사실이 추가되었다면, 그 내용도 피신고인에게 반드시 설명해야 합니다. 그래야 피신고인이 자기 방어권을 제대로 행사할 수 있고, 나아가 결과가 불리하게 나왔더라도 억울해하기보다는 그 결과를 납득할 수 있게 됩니다.

3) 공정성과 수용도를 높이기 위한 위원회의 역할

이런 문제는 고충심의위원회나 진상조사위원회 같은 기구에서도 마찬가지입니다. 일부 조직은 위원회 절차에서 신고인과 피신고인이 위원들과 소통할 기회조차 주지 않거나, 단순히 사실 확인만 되풀이하는 식으로 운영하기도 합니다. 사실관계는 이미 조사 단계에서 상당 부분 밝혀져야 합니다. 위원회가 팩트 체크를 반복해야 한다면, 조사관 임명이 잘못됐거나 조사가 부실했다는 뜻입니다.

위원회는 단순히 결과를 통보하는 곳이 되어서는 안 됩니다. 공정하게 구성·운영되었다는 전제를 바탕으로, 양측 모두가 결과를 수용할 수 있도록 돕는 역할을 해야 합니다.

여기서 "예상 결과를 미리 알려주라"는 뜻은 아닙니다. 조사 결과를 근거로 피신고인에게 **그의 행동 중 어떤 부분이 부적절했는지를 돌아볼 수 있게 돕는** 과정이 필요하다는 의미입니다. 꼭 '가해자'로 낙인찍기보다는 "그런 행동은 상대에게 상처가 될 수 있다"라는 자각을 유도하는 것이 중요합니다. 반대로, 피신고인의 행위에 문제가 없다고 결론이 났다면, 신고인에게도 성찰을 유도해야 합니다. "불쾌감을 느꼈다고 해서 모두 괴롭힘은 아니다"라는 점을 설명하고, 결과를 수용할 수 있도록 도와야 불필요한 재신고나 오해를 줄일 수 있습니다.

위원회는 판단 결과를 전달할 때 왜 이런 결론이 나왔는지, 어떤 점이 문제가 되었는지 양측이 수용할 수 있도록 해야 할 것입니다. 설명 없는 일방적인 통보는 피신고인의 반성을 이끌기 어렵고, 오히려 조직에 대한 불신을 키우며 그 분노가 다시 피해자에게 향할 위험이 있습니다.

3. 허위신고의 위험성과 그에 노출된 약자들

허위신고 문제도 간과할 수 없습니다. 우리나라는 20~30대 청년층에서 허위신고를 당한 비율이 높고, 직급별로는 평사원 피해자가 가장 큰 비중을 차지합니다(자세한 내용은 〈표 I-3〉, 〈표 I-4〉 참조). 즉, 약자들이 허위신고의 위험에 더 노출되어 있다는 뜻입니다. 그렇기에 괴롭힘 피해 구제만큼이나 피신고인의 권리도 존중하는 균형 잡힌 절차가 중요한 것입니다.

〈표 I-3〉 허위신고 피신고인과 허위신고인의 연령대 비교(%)

구분	연령대			
	20~30대	40대	50대 이상	무응답
피신고인	64.7	23.5	11.8	-
허위신고인	47.8	31.8	18.2	2.3

* 원자료 재분석: 직장인 근무환경 설문조사(2023) in 서유정·김종우(2023)

<표 I-4> 허위신고 피신고인과 허위신고인의 직급 비교(%)

구분	직급				
	사업주 및 상급 관리자	중간 관리자	평사원	원청업체 직원	무응답
피신고인	15.9	22.7	59.1	2.3	-
허위신고인	11.6	9.3	72.1	2.3	2.3

*원자료 재분석: 직장인 근무환경 설문조사(2023) in 서유정·김종우(2023)

〈표 I-5〉는 응답자 전체 중 각 집단이 차지하는 비율을 보여줍니다. 이를 쉽게 풀어보면, 직장 내 괴롭힘 피해를 신고한 사람이 100명일 때, 약 42~43명은 자신이 허위신고를 당한 경험이 있다고 답했고, 약 48~49명은 누군가에게 허위신고 협박을 받은 적이 있다고 본다는 의미입니다. 또한 약 72~73명은 타인의 허위신고 장면을 직접 보거나 들은 적이 있다고 응답하여, 허위신고가 그저 피신고인만의 '착각'이나 '정당화'가 아님을 보여줍니다. 동시에 그만큼 허위신고가 빈번하다는 인식이 퍼져 있음을 알게 해줍니다.

<표 I-5> 괴롭힘 신고율과 허위신고 피해율(%)

구분	비율	성별		연령대				
		여	남	20대	30대	40대	50대	60대
괴롭힘 피해를 신고한 경험이 있다	3.3	3.5	3.2	3.0	4.6	2.7	2.4	3.8
허위신고를 당한 경험이 있다.	1.4	1.3	1.5	1.5	2.3	1.1	0.8	0.0
허위신고 협박을 당한 적이 있다.	1.6	2.3	0.8	0.0	1.5	1.9	2.0	1.9
허위신고를 목격한 적이 있다	2.4	2.7	2.2	1.5	3.8	1.9	0.8	5.8

* 원자료 재분석: 직장인 근무환경 설문조사(2023) in 서유정·김종우(2023)

이런 인식은 진(眞) 괴롭힘 사건을 처리할 때도 악영향을 끼칠 수 있습니다. 허위신고로 인해 확산된 사회적 불신이 진(眞) 피해자에 대한 신뢰도마저 떨어뜨리는 것입니다. 진(眞) 피해자도 피해를 인정받기 어렵고, 진(眞) 가해자도 책임 있는 반성을 하지 않게 됩니다.

4. 모순된 온정주의: 부당함의 또 다른 이름

앞에서 말했듯 조사와 심의 과정에서 피신고인의 자기방어권이 제약받는 경우가 적지 않습니다. 그 과정에서 피신고인은 자신의 인권이 존중받지 못하고 '함부로 다뤄지는' 기분을 느끼게 됩니다. 그런데 정작 징계 단계에선 온정주의가 발동해 "한번 잘못으로 사람 죽이랴" 하며 징계가 대폭 완화되기도 합니다. 이러면 가해자는 "고작 이 정도 일로 내가 그렇게 힘들었어야 했나?" 하며 오히려 억울해하고, 자신의 잘못을 자각하지 못합니다.

반대로, 괴롭힘은 성립하지 않았는데도 조직이 '2차 피해 예방' 명분으로 경고나 경징계를 내리는 사례도 있습니다. 피신고인은 "괴롭힘이 아니라면서 왜 경고(경징계)냐?"라며 분노하고, 이는 피해자 원망으로 번질 수 있습니다. 이런 상황에선 정식 경고보다 비공식적 주의나 코칭이 훨씬 효과적입니다. 억지 경고/징계는 반성보다 방어적 태도만 부릅니다.

5. 관리자와 조직문화의 문제

직장 내 괴롭힘은 개인의 성향이나 기질만으로 설명되지 않습니다. 가해자 중 상당수는 과거 자신도 상사에게 비슷하게 지도를 받았던 이

들입니다. 그들은 그 방식이 조직에서 "성과를 내는 법"이고 "성공의 공식"이었다고 믿습니다. 그래서 후임에게 강압적 언행이나 고압적 업무 지시를 하면서도 "예전부터 늘 그래왔던 일", "관리자로서 필요한 단호함"이라고 착각하곤 합니다.

조직문화가 바뀌면 이들의 민낯이 드러납니다. 한 기업은 다면평가 도입 후 실적이 급락했는데, 그 이유 중 하나가 과거의 강압적 리더십이 더는 통하지 않았기 때문입니다. 이는 관리자 개인 책임만이 아니라, 조직이 무엇을 '성과'로 규정해 왔는지, 얼마나 그 기준이 왜곡되어 있었는지를 보여주기도 합니다. 이런 모순 속에서 가해자는 "내 방식은 옳고, 요즘 제도와 문화가 문제"라며 반성을 거부합니다.

6. 반성하면 커지는 법적 책임

또 하나의 딜레마는 반성하고 사과한 사람이 오히려 법적으로 더 불리해진다는 것입니다. 현행 법체계에서는 피신고인이 자신의 잘못을 인정하거나 피해자에게 사과하면, 그것이 곧 혐의를 시인한 증거로 간주돼 이후 민사소송에서 불리하게 작용할 수 있습니다. 경미한 괴롭힘을 저지른 가해자일수록 자신의 행동을 돌아보고 사과하려는 경우가 많지만, 정작 그 사과가 "당신이 그렇게 말했다는 건 잘못을 인정한 것 아니냐"라는 증거로 쓰이게 됩니다. 심지어 허위신고를 당하고 조직 분위기에 떠밀려 억지로 사과했던 사람들조차 이후 손해배상 책임을 지는 경우가 적지 않습니다. 법률 대리인들조차 "이 정도 금액이면 그냥 합의하시라. 변호사 비용이 더 든다"라고 조언합니다.

반면, 심각한 가해자일수록 반성이나 사과를 하지 않습니다. 처음부터 반성할 마음이 없거나, 법적 책임을 피하기 위해 전략적 침묵을 선택하기 때문입니다. 결국 현 구조에서는 반성할 마음이 있었던 사람조차 반성하지 않는 쪽이 유리하고, 반성 없는 가해자는 더더욱 반성을 거부할 명분을 갖게 됩니다.

7. 사후구제 중심 제도의 한계와 기반 없이 도입된 법령

선진국은 괴롭힘을 예방 중심으로 다룹니다. 법령 도입 이전부터 사전에 교육하고 사회적 합의를 쌓아 "하지 말아야 할 일"을 분명히 했습니다. 반면 우리나라는 이런 사회적 합의도 없었고, 피해자의 신고가 있어야만 제도가 작동합니다. 교육이나 인식 개선 없이 법부터 먼저 만들고는 "당신은 잘못했고 처벌받아야 한다"라고 접근했습니다. 또한 법을 집행하는 이들조차 전문성이 부족하여 제각각의 모순된 기준으로 움직였습니다. 그러니 "잘못인지도 몰랐는데 벌을 받았다", "운이 없어 걸렸다"라는 반발이 커지고, 행동 교정 효과도 미약합니다. 의무교육도 영상 시청이나 형식적 강의에 그치고, 가해자가 자각하고 바뀔 수 있게 돕는 프로그램은 턱없이 부족합니다.

8. 직장 내 괴롭힘의 개념과 범위에 대한 이해 부족

직장 내 괴롭힘 관련 개념에 대한 국내의 이해도는 여전히 낮습니다. 해외와는 달리 incivility, harassment, bullying을 각각 구분하지 못하고, 구체적 기준 대신 주관적 판단 기준에 의존하는 경우가 많습니다. 심지어 일부 예방 교육에서 "피해자가 그렇다고 느끼면 괴롭힘"이라는 식으로 단순화했고, '괴롭힘' 판단의 상식을 흐리는 결과를 불렀습니다. 이런 잘못된 인식은 "기분 상해죄"라는 자조 섞인 신조어를 낳으며, 괴롭힘 신고 자체에 대한 불신과 냉소마저 키웠습니다.

개념과 기준이 모호해지면서 오히려 가해자가 감수성을 가진 사람은 '지나치게 민감한 사람' 취급하고, 본인의 행동은 괴롭힘이 아니라고 주장하기 쉬워졌습니다. 실제로 상식적이지 않은 피해 호소가 흔히 발생하기 때문입니다. 이러한 프레이밍은 피해자를 더욱 고립시키고, 가해자에게는 반성하지 않아도 된다는 정당화를 제공합니다.

직장 내 괴롭힘 문제 해결을 위해서는 개념 정립과 사회적 인식의 정돈이 반드시 필요합니다. 괴롭힘의 기준은 모호하거나 개인적 감정에만 의존해서는 안 되며, 구체적 행위 유형과 객관적 기준으로 명확히 설명할 수 있어야 합니다.

9. 부모의 방관과 시민의식 교육의 부재

직장 내 괴롭힘의 뿌리는 가정과 교육에도 있습니다. 우리 사회는 어린 시절부터 공동체 규범과 책임을 가르치지 못했고, 성인이 되어서도 반성과 책임 의식을 키우지 못했습니다. 특히 자녀 수 감소로 과보호가 심해졌고, 교사의 훈육은 아동학대로, 제 아이의 잘못은 주변 탓으로 돌리는 부모가 많아졌습니다. 그런 부모 밑에서 자란 아이는 사회가 자신에게 맞춰줘야 한다고 착각하고, 그렇지 않은 현실에 적응하지 못합니다. 직장에 들어와서도 상사의 정당한 지적을 "갑질"이라 부르거나, 본인의 불성실과 능력 부족으로 인한 낮은 근평을 괴롭힘이라며 신고하기도 합니다.

괴롭힘 피해가 낮은 국가에서는 부모들부터 엄격한 가정 교육으로 옳고 그름의 기준을 잡아주기 위해 노력합니다. 초등학교 때부터 경찰이나 법률 전문가가 교실에 들어와 "법을 어기면 어떤 결과가 따르는지", "개인의 행동이 공동체에 어떤 영향을 미치는지"를 가르칩니다. 법의 존재 이유와 공동체의 윤리적 책임을 이해시키고, 개인의 말과 행동이 어떤 파장을 일으킬 수 있는지 고민하게 하는 것입니다. 이 때문에 신고된 가해자가 반성한다는 것이 당연한 전제가 됩니다. 또한 가해자에게 성찰과 중재의 기회를 주되, 중재가 불가능할 만큼 사건이 심각한 경우에는 단호히 처벌합니다. 한 예로 직장 내 괴롭힘 관련 제도 선진국으로 꼽히는 노르웨이에서는 정치·사회적으로 영향력이 큰 인물도 가해자로 확인되었을 때, 모든 권력을 잃고 물러나야 했습니다. 공동체 윤리 기준이 명확히 작동하고 있는 것입니다.

> **<권력자도 예외가 아닌 사회: 노르웨이 사례가 주는 교훈>**
>
> 과거 노르웨이에는 국제노동기구(ILO)에서 리더십을 발휘하고, 노조(trade union) 기반의 정치적 배경으로 노동자 권익을 대표하던 여성 정치인이 있었습니다. 많은 이들이 그가 노르웨이 노사관계에 큰 변화를 이끌 것이라 기대했지만, 그의 지휘 아래 근무하던 일부가 직장 내 괴롭힘을 당했다고 호소하고 나섰습니다. 그는 이를 "정치적 음모"라 주장했지만, 결국 직위를 내려놓았습니다. 정치적으로 막강한 영향력을 가졌어도, 가해행위에 대해서는 용서가 없었던 것입니다. 이후 그는 언론인을 통해 억울함을 회고록처럼 전하려 했으나, 공개 토론이나 공식 해명은 피했습니다.
>
> 정말 허위신고였다면 노르웨이 사회는 결코 좌시하지 않았을 것입니다. 세계 최초로 직장 내 괴롭힘 연구소를 설립한 베르겐 대학을 비롯해, 수십 년간 연구가 축적되어 있는 곳이 노르웨이입니다. 허위신고가 실질적 문제였다면 이미 관련 연구가 활발히 진행되었을 겁니다. 그러나 지금까지도 노르웨이에서 허위신고 연구를 발표한 적은 없습니다.
>
> 이 사건은 우리에게 중요한 질문을 던집니다. 과연 같은 일이 한국에서 벌어졌다면, 우리는 그 인물의 영향력과 상징성을 넘어 '행위 자체'를 중심으로 공정하게 판단할 수 있었을까요? 아니면 그의 지위를 지키기 위해 절차가 지연되거나, 오히려 피해자가 불이익을 받는 일이 벌어졌을까요? 이 사례는 단순한 비교를 넘어, 사회적 책임과 문화적 성숙도를 점검하게 만드는 중요한 기준점이 됩니다.

인식이 성숙한 사회일수록 괴롭힘 사건 발생 후의 대응 방식도 경직되지 않습니다. 분리 조치에 대해서도 사건의 성격과 맥락을 따져보며 신중히 결정합니다. 예컨대 아일랜드는 괴롭힘 신고가 있어도 무조건 분리하지 않습니다. 상사가 상황을 면밀히 모니터링하며 추가 부적절 행위를 막을 수 있다면 피해자와 가해자가 계속 함께 일하기도 합니다.

이런 대응이 가능한 것은 단순히 제도 때문이 아니라, 어릴 때부터 윤리의식·공동체 의식·책임감을 배우며 자란 문화적 배경 덕분입니다. 조직은 당사자가 수용하고 반성할 수 있도록 돕고, 동료들도 공동체의 안전을 지키기 위해 함께 지켜보는 시스템이 자연스럽게 작동합니다.

그러나 우리 현실은 다릅니다. 반성하면 오히려 법적 불이익을 받을 수 있는 구조, 사후구제 중심 운영, 불투명한 절차 등으로 가해자가 스스로 변할 여지를 차단하고 있습니다. 결국 피해자를 지킬 수 있는 방법이 격리나 부서 이동뿐이며, 단기적으로는 보호가 되더라도 장기적으로 예방이나 행동 교정을 기대하기 어렵습니다. 이 때문에 우리나라의 현 시스템은 개별 사건은 처리할 수 있어도, 그 사건을 조직문화나 사회 인식을 바꾸는 전환점으로 만들지 못합니다. 사건처리 제도만 만들었을 뿐, 그 제도가 효과적으로 작동할 문화적 기반과 사회적 토대를 함께 갖추지 못했기 때문입니다.

Ⅱ

사업주의 착각:
내가 (내 측근이) 가해자일 리 없어[4]

---

[4] Seo (2025). Bullies beside Employers: Exploratory Analyses of the Worst Bullies in South Korean Workplaces를 참조하여 작성됨

앞 장에서는 직장 내 괴롭힘 가해자들이 왜 자신의 행동을 반성하지 않는지를 다양한 관점에서 살펴보았습니다. 법 제도, 조직문화, 교육의 부재, 사회적 온정주의, 책임 회피적 대응 등 외부 요인뿐 아니라, 가해자 내면의 심리 기제를 분석하며 반성이 어떻게 구조적으로 막히는지를 이해할 수 있었습니다. 여기서 한 걸음 더 나아가 보면, 반성 이전에 더 근본적인 문제가 있습니다. 가해자가 스스로를 '가해자'라고 인식조차 못 한다는 것입니다. 이런 가해자는 조직 곳곳에 존재합니다. 그들의 심리를 이해해 보기 위해, 이번 장에서는 먼저 사업주 곁에 있는 가해자들의 특성을 살펴보고자 합니다.

<미리보기>

본 장은 다량의 질적 데이터를 분석하여 수치화한 논문을 기반으로 작성되었습니다. 통계나 학술 연구에 대한 경험이 많지 않은 독자는 본 장의 내용을 이해하기 어려우실 수도 있습니다. 그런 분들을 위해 본 장의 내용을 다음과 같이 요약해 봤습니다. 이 내용만 보면 이번 장의 내용을 다 이해하신 것입니다.

- 악질 가해자: 여러 피해자에게 고통스러운 해악을 끼쳐 다수가 악질적이라고 동의하는 가해자
- 악질 가해자의 직급: 약 60~70% 이상이 상급 관리자 이상
- 악질 가해자 중 **70~80%가 사업주 본인 또는 사업주의 측근**
- 악질 가해자를 신고한 피해자는 7%에 불과
- 신고된 **악질 가해자가 징계**까지 받은 경우는 16년간 수집된 사례 중 **0건**

- 악질 가해자가 사업주의 측근임을 보여주는 특징
  - 사업주의 개인사까지 일일이 챙겨서
  - 사업주의 골프 모임 등에 자주 동행해서
  - 사업주와 자주 함께 식사해서
  - 사업주의 전적인 신뢰를 받아서
  - 조직 운영을 좌지우지해서

- 전략적 악질 가해자의 주요 가해행위
  - 피해자도 바로 알아듣기 어려운 간접적 차별/부적절 발언
  - 피해자 근무시간 및 근무 외 시간에 대한 과도한 모니터링
  - 문제 상황 발생 시 피해자에게 누명
  - 불필요한 추가 근무 유발
  - 주변 인맥 등을 이용하여 퇴사한 피해자 이직 방해

- 감정적 악질 가해자의 주요 가해행위
  - 피해자에 대한 폭언
  - 성희롱
  - 퇴사한 피해자 협박 및 이직 방해
  - 개인 심부름 지시
  - 상납 요구(월급 중 일부, 선물 등)

- 양측 가해자 공통의 주요 가해행위
  - 피해자 실적 강탈
  - 피해자에게 업무 떠넘기기
  - 본인이 사업주에게 하는 만큼의 수발을 피해자에게 요구
  - 사업주를 위한다는 명목으로 부당 지시
  - 피해자의 업무방해

1. 악질 가해자란?

사업주나 측근의 반복적인 가해가 조직 내에서 사실상 면책되고, 피해자들이 침묵할 수밖에 없는 구조 속에서, 유독 한국 사회에서만 등장하는 특수한 개념이 있습니다. 바로 "악질 가해자(worst bully)"입니다. 이 개념은 흥미롭게도 해외 직장 내 괴롭힘 연구에서는 거의 찾아볼 수 없습니다. 비슷한 용어가 쓰이는 곳은 학교 괴롭힘 분야 정도입니다. 예컨대 Williams와 Winslade(2008)는 학교 현장에서의 반복적이고 조직적인 괴롭힘을 '악질적 관계 패턴'으로 언급했고[5], Graham(2020)[6]과 Thomas(2019)[7] 등도 높은 가해 빈도와 심각한 해악을 연결 지어 설명한 바 있습니다. Steensma(2008)[8] 역시 가해 행위의 강도와 빈도가 함께 증가한다는 점을 지적했지만, 직장 내 괴롭힘 연구에서는 이러한 개념화가 매우 드물거나 아예 존재하지 않습니다.

그렇다면 왜 우리나라에서는 '악질 가해자'라는 개념이 필요하게 되었을까요? 이들이 단순히 문제적 개인이 아니라, 조직 내 권력관계, 비공식 네트워크, 인사 시스템, 사업주와의 유착 등 복합적 구조를 반영

---

[5] Williams, M. & Winslade, J. (2008). Using "Undercover Teams" to restory bullying relationships. Journal of Systemic Therapies, 27(1), doi. https://doi.org/10.1521/jsyt.2008.27.1.1 (검색일: 2024. 4. 13.)

[6] Graham, B. (2020). Australian Children are some of the world's worst bullies, report shows. https://www.news.com.au/lifestyle/parenting/teens/australian-children-are-some-of-the-worlds-worst-bullies-report-shows/news-story/9edee1ab2984b9b49a326eaf8d48d5d0 (검색일: 2024. 4. 13.)

[7] Thomas, J. M. (2019). People share their stories of sadistic high school bullying. https://www.ranker.com/list/high-school-bully-horror-stories/jessika-gilbert (검색일: 2024. 4. 13.)

[8] Steensma, H. (2008, July). External aggression, workplace bullying, frustration and the Quality of Working Life(QWL). XXIX International Congress of Psychology. Berlin: Germany.

하는 상징적 존재이기 때문입니다.

선행연구에서 직장 내 악질 가해자 개념을 찾을 수 없었기에, "현장에서 사람들이 누구를 악질 가해자로 인식하는가?"라는 현실적 질문에서 출발해 봤습니다. 2007년부터 2023년까지 약 16년간 일반 직장인들을 대상으로 "당신이 경험하거나 목격한 가장 악질적인 가해자는 어떤 사람인가?"라는 질문을 지속적으로 던졌습니다.[9]

그 결과, 피해자와 목격자들이 공통적으로 인식하는 '악질 가해자의 특성'이 분명하게 드러났습니다. 이런 유사성은 특정 시기나 조직에 국한되지 않았습니다. 데이터를 시기별로 나눠 분석해도 직장인들이 '누가 악질 가해자인가'를 판단할 때 적용하는 기준과 감각은 놀랍도록 일관되게 유지됐습니다. 이는 곧, 악질 가해자가 단순히 개인적 일탈이 아니라, 우리 조직문화 속에서 반복되고 재생산되는 문제임을 보여줍니다.

〈표 II-1〉 응답자들이 판단한 악질 가해자의 주요 특성(복수 응답)

(단위: %)

이유	피해자					목격자				
	'19~'23	'15~'19	'11~'15	'07~'11	총계	'19~'23	'15~'19	'11~'15	'07~'11	총계
1	56.6	61.5	89.4	70.7	69.2	96.6	84.6	86.4	88.2	88.7
2	67.9	94.2	61.7	41.3	63.9	51.7	38.5	29.5	41.2	39.3
3	62.3	36.5	70.2	57.3	56.4	48.3	88.5	13.6	25.5	37.3
4	73.6	75.0	87.2	86.7	81.1	20.7	15.4	31.8	51.0	33.3
5	62.3	65.4	36.2	36.0	48.9	20.7	50.0	27.3	9.8	24.0
6	45.3	53.8	46.8	33.3	43.6	27.6	30.8	27.3	11.8	22.7
7	24.5	23.1	38.3	20.0	25.6	31.0	23.1	0.0	15.7	15.3
8	18.9	19.2	34.0	17.3	21.6	20.7	7.7	0.0	2.0	6.0
9	9.4	0.0	0.0	0.0	2.2	10.3	0.0	0.0	0.0	2.0
10	5.7	3.8	12.8	16.0	10.1	20.7	11.5	0.0	0.0	6.0

---

[9] 이를 규명하기 위해 Saunders 외(2007)의 '실천적 정의 접근법(professional-lay definitional approach)' 참고. 기존 학술적 정의가 부족할 때 전문가뿐 아니라 일반인의 인식을 모아 개념을 재정립할 수 있다는 점에서 유용함.

1. 동료 직원들 다수가 가장 악질적인 가해자라고 동의해서
2. 다른 사람 앞에서는 호인 행세를 하면서 만만한 사람만 괴롭혀서
3. 취약한 위치의 직원 대부분이 괴롭힘당한 적 있어서/가장 많은 사람을 괴롭혀서
4. 괴롭히는 방식이 피해자에게 큰 고통을 주는 거라서
5. 사업주 등을 위한 일이라며 괴롭힘을 정당화해서
6. 교묘하게 괴롭힘 행위를 숨겨서
7. 가해자이면서 후임/부서원들이 힘들게 하는 척 피해자 행세를 해서
8. 피해자가 괴롭힘 때문에 퇴사한 이후에도 계속 괴롭혀서
9. 여러 사람에게 상습적으로 괴롭힘 신고하겠다며 협박해서
10. 기타

* 원자료: Seo (2025)[10]

16년에 걸쳐 피해자와 목격자들이 꼽은 '악질 가해자'의 대표적 특성은 크게 다섯 가지였습니다:

- 조직 내 다수의 동의: 단순히 개인적 느낌이 아니라, 여러 동료가 일치되게 "가장 악질적인 가해자"라고 평가함.
- 이중적인 얼굴: 겉으로는 호인이면서도 만만한 대상만 골라 괴롭히는 선택적, 위계적 공격성.
- 권력 남용과 다수 피해: 권력 불균형을 악용해 다수의 취약한 직원을 반복적으로 괴롭힘.
- 심각한 해악 유발: 단순 마찰이 아닌, 지속적이고 심리·정서적으로 깊은 상처를 남기는 고강도 괴롭힘.
- 조직의 명분으로 정당화: "조직의 이익을 위해서"라며 자신의 괴롭힘을 정당화하며, 사업주와의 관계망이 드러남.

---

10) Seo, Y. N. (2025). Bullies beside Employers: Exploratory Analyses of the Worst Bullies in South Korean Workplaces. Paper Presented at InPACT Conference, April:Budapest.

이 중 특히 다섯 번째 특징이 중요한데, 악질 가해자가 단순히 성격이 나쁘거나 화가 많은 개인이 아니라, 권력·관계망·자기정당화 논리를 두루 갖춘 조직적 존재임을 보여주기 때문입니다. "위에 잘 보이기 위해서" 또는 "조직 효율을 위해서"라는 명분 아래 이루어지는 이들의 가해행위는 개인적 일탈로 설명하기 어렵습니다.

이러한 분석을 바탕으로, 저는 악질 가해자(worst bully)를 "여러 피해자에게 반복적으로 심각한 해악을 가해, 다수가 그 사람을 악질적이라 평가하는 가해자"로 정의했습니다. 이 정의에는 세 가지 핵심 요소가 담겨 있습니다:

- 다수의 피해자: 한두 명이 아닌 여러 명을 대상으로 하는 반복적, 체계적 행위임.
- 심각한 해악: 단순 불편이나 실수를 넘어, 피해자에게 실제적 심리·신체적 고통을 유발.
- 사회적 합의: 다수의 목격자·피해자가 "그 사람은 악질적이다"라고 동의할 만큼 공통된 인식이 존재.

즉, 이 정의는 단순히 가해행위의 횟수나 강도만이 아니라, 피해자와 목격자들의 축적된 경험과 사회적 합의를 포함합니다.

2. 악질 가해자와 사업주의 관계성

악질 가해자의 특징을 고려할 때, 직관적으로 '권력자' 혹은 '높은 위치에 있는 사람'을 떠올릴 수 있습니다. 그 직관은 사실이었습니다. 악질 가해자의 직급 분포를 분석한 결과, 조직 내에서 악질 가해자로 지목된 인물의 60~70% 이상이 상급 관리자 이상이었고, 이들 다수가 실질적으로 조직 운영을 좌우할 수 있는 위치에 있었습니다(〈표 II-2〉 참조).

〈표 II-2〉 시기별 악질 가해자의 직급 비교

(단위: %)

시기(연도)	평사원 (후임 포함)	중간 관리자	상급 관리자+
'19~'23	9.8	14.6	75.6
'15~'19	1.3	35.9	62.8
'11~'15	0.0	30.8	69.2
'07~'11	1.6	38.1	60.3

* 원자료: Seo (2025)

이 차이는 단순한 수치를 넘어, 악질 가해자라는 개념 자체가 '권력'과 깊이 연결돼 있음을 보여줍니다. 그 권력은 결국 사업주와의 거리에서 비롯됩니다. 실제로 응답자들 중 70~80%가 악질 가해자는 '사업주 본인' 혹은 '사업주와 밀접한 관련이 있는 사람'이라고 답했습니다.

〈표 II-3〉 악질 가해자와 사업주와의 관계

(단위: %)

구분	사업주 본인 및 혈연		사업주 지연·학연		혈·지·학연 없는 측근 및 측근의 측근		외부 권력·재력가 친인척		무관	
	피해자	목격자	피해자	목격자	피해자	목격자	피해자	목격자	피해자	목격자
'19~'23	9.4	6.9	20.8	17.2	52.8	65.5	1.9	3.4	15.1	6.9
'15~'19	7.7	11.5	7.7	19.2	55.8	42.3	0.0	3.8	28.8	23.1
'11~'15	4.3	4.5	17.0	22.7	68.1	47.7	2.1	0.0	8.5	25.0
'07~'11	12.0	13.7	18.7	15.7	38.7	47.1	12.0	0.0	18.7	23.5
총계	8.8	9.3	16.3	18.7	52.0	50.0	4.8	1.3	18.1	20.7

* 원자료: Seo (2025)

이는 악질 가해자의 행위가 단순한 위계적 괴롭힘이 아니라, 사업주의 묵인이나 지지를 기반으로 한 '보호받는 권력'임을 보여주는 강력한 증거입니다. 이 구조 속에서 피해자는 괴롭힘 자체뿐 아니라, 그에 저항할 의지마저 박탈당하게 됩니다. 악질 가해자의 행위는 멈추지 않고, 조직 내 무언의 동의 속에서 반복됩니다.

그럼 악질 가해자는 어떻게 사업주와의 관계성을 유지할까요? 사업주와 혈연, 지연, 학연이 없는 악질 가해자의 특징을 살펴보면 답이 나옵니다. 몸 바쳐서 사업주를 섬기고, 골프 모임과 식사 자리 등에 따라다니면서 그들의 신뢰를 얻는 것입니다. 그 과정에서 '사업주를 위한 일'이라며 다른 직원에게 부당한 요구를 하고도 정당화하는 상황도 발생합니다. 사업주는 악질 가해자의 '갑질'로 즐거움이나 이익을 얻기 때문에 그런 행위를 방관하고, 악질 가해자를 보호합니다.

〈표 II-4〉 사업주와 혈연·지연·학연 없는 가해자를 측근이라고 판단한 이유(복수응답)

(단위: %)

시기	사업주의 개인사까지 일일이 챙겨서	사업주의 골프 모임 등에 자주 동행해서	사업주와 자주 함께 식사해서	사업주의 전적인 신뢰를 받아서	조직 운영을 좌지우지해서	기타
'19~'23	78.7	72.3	83.0	70.2	55.3	23.4
'15~'19	77.5	87.5	72.5	67.5	57.5	35.0
'11~'15	86.8	77.4	81.1	84.9	67.9	45.3
'07~'11	73.6	67.9	69.8	79.2	64.2	34.0
총계	79.3	75.6	76.7	76.2	61.7	34.7

* 원자료: Seo (2025)

악질 가해자가 보호받는다는 건, 16년간 수집한 사례에서 그들의 행위에 대해 정당한 조사와 징계가 끝까지 이뤄진 적이 한 번도 없다는 점에서도 살펴볼 수 있습니다.

〈표 II-5〉 피해자의 신고 여부 및 사측의 조치

(단위: %)

시기	신고 안 함	신고 후 사측의 조치					
		사업주의 피해자 호소 비인정	피해자 호소 인정 +비조치	조사 없이 가해자에게 언질	조사 +미성립 판단	조사+성립 판단+가해자 비징계	조사+성립 판단+가해자 징계
'19~'23	92.5	1.9	1.9	1.9	-	1.9	-
'15~'19	90.4	5.8	1.9	-	1.9	-	-
'11~'15	95.7	4.3	-	-	-	-	-
'07~'11	93.3	4.0	-	1.3	1.3	-	-
총계	93.0	4.0	0.9	0.9	0.9	0.4	-

* 원자료: Seo (2025)

이 수치는 단순히 일부 조직이 잘못된 결정을 내린 문제가 아닙니다. 조직의 절대 권력이 누구를 보호하고, 누구를 버리는지를 보여주는 증거입니다. 이 구조 속에서 가해자는 "아무리 괴롭혀도 내가 사업주의 사람이라면 아무 일도 일어나지 않는다"라고 확신하고 가해행위를 반복합니다. 피해자들은 신고를 포기하거나, 결국 조직을 떠납니다.

〈표 II-6〉 피해자가 신고하지 않은 이유(복수 응답)

(단위: %)

시기	가해자 보복이 두려워서	사업주가 가해자 편들 것 같아서	신고하면 비난 받아서	신고해도 나아질 게 없어서	제3자의 2차 가해 때문에	악질 가해자가 사업주 본인/혈연	신고 불가한 가해자 (허위신고인)	기타
'19~'23	87.8	77.6	61.2	75.5	44.9	14.3	10.2	8.2
'15~'19	92.3	82.7	86.5	90.4	53.8	11.5		13.5
'11~'15	85.1	80.9	78.7	89.4	66.0	8.5		6.4
'07~'11	88.0	89.3	92.0	76.0	54.7	20.0		10.7
총계	90.1	87.7	85.8	83.9	57.8	15.2	2.4	10.4

* 원자료: Seo (2025)

3. 악질 가해자의 행위 유형

악질 가해자는 구체적으로 어떤 행동으로 주변 사람들을 괴롭히고 있을까요? 그런 행동을 굳이 하는 이유가 있을까요? 이 질문에 답하려면 먼저 가해자의 유형부터 생각해 봐야 합니다. 기존 선행 연구를 바탕으로 가해자를 '전략적 가해자'와 '감정적 가해자'로 분류할 수 있습니다. 이 구분은 Salin(2003)[11]의 연구에서 처음 제기된 통찰을 바탕으로 합니다. Salin은 과거의 연구에서 흔히 묘사되던 충동적이고 정서적으로 불안정한 가해자와 대비하여 권력과 이익을 위해 의도적이고 체계적으로 괴롭힘을 수단화하는 가해자의 존재를 주장한 바 있습니다. Salin이 직접 이러한 가해자를 '전략적 가해자'라 명명하진 않았지만, 그 특성 자체가 전략적임을 볼 수 있습니다. 이를 바탕으로 다음과 같이 두 가해자 유형을 정리해 볼 수 있습니다.

---

11) Salin, D. (2003). Bullying and organisational politics in competitive and rapidly changing work environment. International Journal of Management and Decision Making, 4(1), pp. 35-46.

〈표 II-7〉 감정적 가해자와 전략적 가해자의 특성

구분	가해자의 특성	참고자료
감정적 가해자	낮은 사회적 역량	Coyne 외 (2003)[12] Glaso 외 (2009)[13]
	불안정한 자제력	Rutter & Hine (2005)[14]
	타고난 악당	Blackwood & Jenkins (2021)[15]
전략적 가해자	높은(교묘한) 사회적 역량	Kemp (2014)[16]
	이성적이고 계획적인 성향	Sutton et al. (1999)[17]
	사람을 조종하고 통제하려는 성향	Lutgen-Sandvik & McDermott (2011)[18]
	사내 정치로 괴롭힘 수단화	Zapf & Einarsen(2011)[19]
	후임을 갈아 넣는 관리자	Blackwood & Jenkins (2021)
공통 사항	강한 권력욕	Lutgen-Sandvik & McDermott (2011)
	윤리의식 부재	Linton & Power (2013)[20]

---

12) Coyne, I., Chong, P. S. L., Seigne, E., & Randall, P. (2003). Self and peer nomination of bullying: An analysis of incident rates, individual differences, and perceptions of the working environment. European Journal of Work & Organizational Psychology, 12(3), pp. 209-228.
13) Glaso, L., Nielsen, M. B., & Einarsen, E. (2009). Interpersonal problems among perpetrators and targets of workplace bullying. Journal of Applied Social Psychology, 39(6), pp. 1316-1333.
14) Rutter, A. & Hine, D. W. (2005). Sex differences in workplace aggression: An investigation of moderation and mediation effects. Aggressive Behavior, 31(3), pp. 254-270.
15) Blackwood, K. & Jenkins, M. (2021). Different faces of the perpetrator in workplace bullying. In P. D'Cruz et al.(Eds). Pathways of Job-related Negative Behaviour—Handbooks of Workplace Bullying, Emotional Abuse and Harassment (pp. 337-360). Springer: Singapore.
16) Kemp, V. (2014). Antecedents, consequences and interventions for workplace bullying. Current Opinion in Psychiatry, 27(5), pp. 364-368.
17) Sutton, J., Smith, P. K., & Swettenham, J. (1999). Social cognition and bullying: Social inadequacy or skilled manipulation? British Journal of Developmental Psychology, 17(3), pp. 435-450.
18) Lutgen-Sandvik, P. & McDermott, V. (2011) Making Sense of Supervisory Bullying: Perceived Powerlessness, Empowered Possibilities. Southern Communication Journal, 76(4), pp. 342-368.
19) Zapf, D. & Einarsen, S. (2011). Individual antecedents of bullying: Victims and perpetrators. In S. Einarsen et al. (eds). Bullying and harassment in the workplace: Development in theory, research, and practice (pp. 177-200). London: CRC Press.
20) Linton, D. K. & Power, J. L. (2013). The personality traits of workplace bullies are often shared by their victims: Is there a dark side to victims? Personality and Individual Differences, 54(6), pp. 738-743.

이 두 유형은 단지 가해자의 성격이나 기질을 구분하려는 것이 아닙니다. 가해행위가 어떤 맥락과 목적에서 나왔는지를 기준으로 분류하려는 시도이기도 합니다. 제가 수집한 자료를 바탕으로 악질 가해자들이 보인 주요 행동 유형을 정리해 본 결과는 다음과 같습니다.

〈표 II-8〉 가해자 유형별 주요 가해행위 특징 및 행위별 언급 빈도(복수응답)

(단위: %)

선행연구에서 본 가해자 유형별 특징		행위 유형	가해자 구분	
			전략적	감정적
감정적	낮은 사회적 역량 불안정한 자제력	피해자에 대한 폭언(불쾌감을 주는 반말 포함)	-	51.3
		피해자에 대한 폭력	-	7.0
		성희롱	1.0	50.4
	타고난 악당	퇴사한 피해자 협박 및 이직 방해*	-	31.3
전략적	교묘한 사회적 역량	피해자를 향한 간접적 차별/부적절 발언	69.1	-
	이성적이고 계획적인 성향	피해자가 수개월 이상 눈치채기 어려웠을 만큼 교묘한 업무방해*	28.3	-
	사람을 조종하고 통제하려는 성향	피해자의 근무시간 및 근무 외 시간에 대한 과도한 모니터링	31.9	-
		주변 인맥 등을 이용하여 퇴사한 피해자 이직 방해*	25.1	-
		불필요한 추가근무 유발	69.1	-
		조직 내 흔히 발생하는 실수지만, 피해자만 징계 위협	12.6	-
	사내 정치로 괴롭힘 수단화	문제 상황 발생 시 피해자에게 누명	26.7	-
	후임을 갈아 넣는 관리자	능력 있는 직원 독점 및 개인비서 취급	38.7	-

선행연구에서 본 가해자 유형별 특징		행위 유형	가해자 구분	
			전략적	감정적
공통	강한 권력욕	사업주를 위한다는 명목으로 부당한 지시·요구	58.6	35.7
		가해자 본인이 사업주에게 하는 만큼의 수발을 피해자에게 요구(암묵적, 노골적)	32.5	41.7
	윤리의식 부재	피해자에게 업무 떠넘기기	77.5	56.5
		피해자의 실적 강탈	84.8	47.0
		피해자를 비리 행위에 관여시키기 및 문제발생 시 책임 떠넘기기	5.8	-
		노골적인 업무방해*	-	21.7
		피해자에게 상납 요구(월급 중 일부, 금품 등)	-	11.3
		개인 심부름 지시	-	75.7

* 동일한 이직 방해 및 업무방해 행위지만 전략적 가해자와 감정적 가해자의 실행 방식이 다르므로 다른 카테고리로 분류함.

위의 표에서 볼 수 있듯, 전략적 가해자와 악질 가해자의 행위 패턴에는 차이점과 공통점이 있는데, 특히 공통점에서 국내 부정적인 조직문화의 특성이 드러납니다. 피해자를 '소모품'처럼 다루는 데 초점이 맞춰져 있다는 점입니다.

- 실적 강탈 및 업무 떠넘기기: 우리나라에서 매우 흔하게 발생하는 괴롭힘 유형입니다. 우리나라에 성과 평과와 성과 중심 급여체계가 도입되었을 때, 오히려 괴롭힘이 증가한 이유이기도 합니다(서유정·이지은, 2016; Kang 외, 2024[21]; Yun 외 2014[22]). 가해자들이 높은 성과를 받기 위해 피해자로부터 실적을 빼앗거나 본인이 해야 할 일을 떠넘기

---

21) Kang J.Y., Yun S.Y., Won Y.H., & An Y.S.. (2014). Organizational culture and workplace bullying of intensive care unit nurses. Journal of Korean Critical Care Nursing 7(2), pp. 24-33.
22) Yun S.Y., & Kang J.Y. (2014). Factors affecting workplace bullying in Korean hospital nurses. Korean Journal of Adult Nursing 26(5), pp. 553-562.

면서 증가하는 것입니다. 이 결과는 원하는 바를 달성하기 위해 수단과 방법을 가리지 않는 가해자의 특성(Rutter & Hine, 2005; Sutton et al., 1999; Pilch & Turska, 2015[23]; Linton & Power, 2013)을 뒷받침하기도 합니다.
- 피해자에게 개인적 수발 요구: 예를 들어 자신이 사업주에게 점심을 챙기듯, 피해자에게는 회의 준비, 음료 세팅, 사적인 약속까지 준비시키는 식의 지위 복제적 관계 행위가 관찰됩니다.
- 사업주를 위한 일이라는 명목으로 부당 지시: "대표님이 신경 쓰시는 거니까 네가 알아서 해야지" 등의 명분으로 위법하거나 부당한 지시를 정당화합니다. 모 항공사에서 젊은 여직원들에게 회장이 오면 연예인처럼 반기도록 한 것도 이런 유형의 부당지시에 해당합니다.
- 업무방해: 불필요하게 자료를 지연시키거나, 일부러 회의 내용을 공유하지 않는 등 피해자의 정상적 업무 수행을 방해하고 평가에 악영향을 주는 행동을 지속합니다. 이렇게 한 명의 피해자를 본보기로 삼아 다른 직원들의 복종을 얻어냅니다.

4. 악질 가해자와 사업주의 관계성이 주는 시사점

위에서 살펴봤듯이 악질 가해자와 사업주 간에는 명확한 관계성이 있습니다. 가해자의 행위 자체가 그들에게 사업주(권력자)에게 총애받고, 타인보다 우위에 있음을 확인받고자 하는 욕구가 있음을 보여줍니다(Lutgen-Sandvik & McDermott, 2011). 악질 가해자가 퇴사한 피해자를 계속해서 괴롭히는 경우가 무려 20~30%에 달했다는 점도 그들의 집요한 공격성(Matthiesen & Einarsen, 2007)이 지속되는

---
23) Pilch, I., & Turska, E. (2015). Relationships Between Machiavellianism, Organizational Culture, and Workplace Bullying: Emotional Abuse from the Target's and the Perpetrator's Perspective. Journal of Bussiness Ethics, 128, pp. 83-93.

행위이며, 조직의 용인하에 계속해도 괜찮다고 학습한 결과라는 점을 보여줍니다. 그 결과, 괴롭힘은 줄어들지 않고 되레 피해자에서 또 다른 가해자를 낳는 구조로 전이됩니다(Rayner et al., 2002; Benard et al., 2017).

가해자의 권력 때문에 피해자가 신고도 못 하고, 신고해도 제대로 된 조치를 기대하기 어렵고, 가해자는 계속 조직을 쥐락펴락한다면 괴롭힘을 어떻게 멈출 수 있을까요? 네, 멈출 수 없습니다. 더 악화됩니다. 법을 만들고, 사업주에게 책임을 부여했어도, 사업주 본인의 인식 개선이 없으니 제도가 제대로 작동하지 않습니다.

괴롭힘 문제와 관련하여 사업주가 특히 경계해야 할 대상은 입안의 혀처럼 굴며 나를 받들어 주는 사람입니다. 사업주는 본인에게 잘하는 사람이 약자에게도 잘할 것이라고 착각해선 안 됩니다. 내가 하는 건 관리, 저 사람이 하는 건 괴롭힘이라는 이중잣대를 가져서도 안 됩니다. 회사 내에 신고가 없으니 문제가 없다고 안일하게 굴어서도 안 됩니다. 이 모든 것이 조직 내 괴롭힘 문제를 악화시키는 원인이기 때문입니다.

평사원의 착각:
동료니까, 약자니까 괜찮아

악질 가해자의 행위는 그들과 친한 사업주/경영진을 제외한 모두가 괴롭힘이라고 인정합니다. 그저 신고가 어려울 뿐입니다.

그런데 동일 직급자나 후임이 가해행위를 했을 때는 아예 괴롭힘으로 인식되지 않기도 합니다. '우위성'을 잘못 해석한 판단 기준을 활용하고 있기 때문입니다. '우위성'은 본래 피해자가 그 상황을 중단시킬 수 있는가, 가해자를 막을 수 있는가를 두고 판단하는 것입니다. 피해자가 막을 수 없는 상황이 곧 가해자-피해자 간 우위성이 생겼음을 의미하는 것입니다. 우리나라는 엉뚱하게도 '표면적 우위성'에 매몰되면서 오히려 평사원 가해자가 위계 구조 밖에서 교활하게 괴롭힘을 할 여지를 얻기도 합니다. 피해자는 피해 주장조차 못하거나, 피해자로서 존중받지 못하고 말입니다. 계약직, 파견직, 기간제 노동자들 사이에서도 이 문제가 심각합니다. 하지만 조직은 이를 "개인 간 갈등" 정도로 치부하며 방치하곤 합니다.

1. 계약직들끼리 무슨 괴롭힘이야?

실제 사례에서도 확인되는 말입니다. 계약직 간에 발생한 일이라고, 동일 직급자 간에 발생한 일이라고 명백한 괴롭힘을 인정받지 못하기도 합니다. 사건을 판단한 사람들이 표면적으로는 직급이 같아도, 실제로는 힘의 구조가 훨씬 더 미묘하고 복잡할 수 있음을 깨닫지 못한 것입니다. 다음의 관련 사례가 바로 그런 모습을 적나라하게 보여줍니다.

사례 1) 계약직끼리는 성희롱이 아니지

"(남자 계약직원들이) 사귀자는 거 몇 번 거절했는데, 그 후로 이상한 소문이 났어요. 사촌 오빠가 같이 근무하는데, 불러서 막 화를 내는 거예요. 너 뭐 하고 다니는 거냐고."(피해자, 여성)

해당 사례는 계약직들 사이에서 발생한 성희롱 및 괴롭힘입니다. 하지만 가해자가 피해자와 마찬가지로 계약직에 동일 직급자였기 때문에 회사는 문제로 여기지 않았고, 피해자도 본인이 겪은 일이 '괴롭힘' 혹은 '성희롱'이라고 인식하지 못했습니다.

A. 사례자: 피해자/목격자

B. 피해자: 여성, 20대, 계약직

C. 가해자: 남성 다수, 20~30대, 계약직

D. 발생한 사건과 배경

피해자는 외모가 매우 뛰어나고, 성격이 털털하며 남녀 구분 없이 친구가 많은 20대 여성이었습니다. 졸업하자마자 사촌이 근무하는 직장에 입사했고, 다른 계약직 동료들과 잘 지낸다고 생각했습니다. 하지만 여러 남성 동료들로부터 고백을 받으면서 상황이 달라졌습니다. 고백을 모두 거절하자, 가해자들은 마치 피해자가 의도적으로 남성을 유혹하고 차버린 것처럼 소문을 퍼뜨린 것입니다. 이는 명백한 성희롱이자 직장 내 괴롭힘이지만, 동일 직급자 사이에서 벌어졌다는 이유로 조

직에서도 대수롭지 않게 여겨졌고, 피해자조차 성희롱이라고 생각하지 못했습니다.

E. 피해자(또는 피해자 가족)의 대응

피해자는 이를 성희롱이나 괴롭힘으로 인식하지 못했고, 헛소문으로 정신적 고통을 겪었지만 내부 신고나 외부 상담을 하지 못했습니다.

F. 조직 내부의 대응

신고가 없었으므로 조직 내부의 대응은 없었습니다. 가해자들이 계약직이고, 피해자도 계약직이며, '정식 채용이 아닌 계약직원들끼리 생긴 사적인 갈등'으로 간주되었습니다.

G. 외부 기관의 대응

신고가 없었기 때문에 외부 기관의 대응도 없었습니다.

H. 가해자의 반응

가해자들은 피해자가 다른 남성과 연애를 시작할 때까지 소문을 멈추지 않았습니다. 사귀는 사람이 생기고, 피해자가 거리두기를 하면서 분위기는 잠잠해졌지만, 그사이 피해자는 깊은 모멸감과 불신을 경험했습니다.

I. 피해자 및 주변인에게 남겨진 영향

피해자에게 남자 친구가 생긴 이후, 외적으로는 더 이상 소문이 돌지 않게 되었고, 조직 내부에서도 해당 사건이 언급되지 않게 되었습니다.

하지만 피해자는 이후 인간관계에서 극심한 회피 반응을 보이기 시작했습니다. 사람이 먼저 다가오는 것도 부담스러워했고, 사적인 대화를 피하며 관계를 최대한 단절하려고 했습니다.

남자 친구가 먼저 이직한 뒤, 피해자 역시 곧 이직했습니다. 다행히 피해자는 새 직장에 안정적으로 정착했고, 성격도 다시 밝아졌습니다. 하지만 피해자와 같은 일을 겪은 다른 피해자 중에는 정서적으로 회복하지 못하는 사람들도 있습니다.

J. 시사점

본 사례는 직장 내 괴롭힘이 반드시 위계 구조에서만 발생하는 것이 아님을 보여줍니다. 계약직, 동급자, 후임도 가해자가 될 수 있고, 피해는 숨겨지거나 지속되기 쉽습니다.

그러나 한국의 조직문화와 법체계는 여전히 표면적 '우위성' 중심으로 괴롭힘을 판단하며, 비공식적 위계에는 보호장치가 미흡합니다. 그 때문에 명백한 괴롭힘 행위가 발생했어도, 괴롭힘 사건으로 인정되지 않는 모순이 발생하곤 합니다.

사례 2) 우위성도 성립 안 하는데 무슨 괴롭힘이야

"(피해자에게) 장애인 아이가 있었어요. 그걸 가지고 엄청 (피해자와 자녀 모두를 비하하는 발언 반복) 하는데…."(목격자, 여성)

객관적으로 심각한 폭언과 모욕에 해당하는 행위가 같은 직급자 사이에서 발생했다는 이유로 직장 내 괴롭힘으로 인식되지조차 않았던 사례입니다. 피해자와 가해자 사이에 사회통념적 우위성이 성립하지 않고, 발생한 행위가 업무와 무관하다는 이유로 사측은 명백한 괴롭힘을 직장 내 괴롭힘으로 여기지 않았습니다.

A. 사례자: 피해자/목격자

B. 피해자: 여성, 40대, 계약직

C. 가해자: 여성 다수, 40대, 계약직

D. 발생한 사건과 배경
피해자와 가해자들은 같은 부서에서 함께 근무하던 동급 계약직 동료들이었고, 명확한 상하관계는 없었습니다. 문제는 사적인 영역에서 비롯된 조롱과 비하였습니다. 피해자의 자녀에게 장애가 있다는 사실이 알려지자, 가해자들은 "×신 낳고 뭐 잘 났다고 고개 뻣뻣이 들고 다니냐"라는 식의 모욕적 발언을 반복했습니다. 피해자는 큰 정신적 상처를 입었습니다.

E. 피해자(또는 피해자 가족)의 대응
가해자들의 조롱은 은근하거나 간접적인 방식이 아니라 명백하게 대상과 의도를 지닌 고의적, 상습적인 발언이었으며, 직장 내에서 수차례 반복되었습니다. 피해자는 참고 넘기려 했지만, 모욕은 점점 심해졌고 결국 조직 내 신고 절차를 밟게 되었습니다.

F. 조직 내부의 대응

 피해자가 가해자의 지속적인 모욕과 인신공격에 대해 정식으로 회사에 신고했습니다. 하지만 회사는 가해자와 피해자가 같은 직급, 같은 성별이고, 연령대가 비슷하니 우위성이 성립하지 않는다고 봤습니다. 거기에 더해 발생한 행위가 업무와는 상관없다는 이유로 해당 사건을 직장 내 괴롭힘이 될 수 없다고 판단하여 신고의 타당성조차 인정하지 않았습니다.

G. 외부 기관의 대응

 피해자는 별도로 외부 노동청이나 국가기관에 진정을 넣지는 않았으므로, 외부 기관의 대응은 없었습니다.

H. 가해자의 반응

 신고가 무시된 이후, 가해자들은 더 대담해졌습니다. 자신들의 행위가 처벌받지 않는다는 사실에 확신을 얻은 듯, 피해자에 대한 조롱 수위를 높이고 태도도 더 노골적으로 변했습니다. 피해자가 감정적으로 폭발한 이후 벌어진 몸싸움 상황에서도, 가해자들은 오히려 피해자를 문제 인물로 몰아갔습니다.

I. 피해자 및 주변인에게 남겨진 영향

 결국 피해자는 감정적으로 한계에 달해 퇴사를 선택했습니다. 가족에 대한 조롱은 단순한 직장 갈등이 아니라 인권 침해였고, 피해자에게 극심한 고통을 남겼습니다.

 주변 동료 일부는 피해자에게 안타까움을 표현했지만, 조직 분위기

탓에 공개적으로 지지하지 못했습니다. 피해자는 끝내 억울하고 외로운 퇴장을 감수해야 했습니다.

J. 시사점

가해자와 피해자의 직급이나 성별, 연령이 같다고 해서 괴롭힘이 성립하지 않는다는 모순된 시각은 실질적 피해를 외면하게 만듭니다. 근로자 보호의 사각지대를 넓히고, 괴롭힘의 본질을 간과하게 만듭니다. 사건에서 피해자는 가해자를 막을 수 없었고, 그 행위는 반복되었습니다. 기능적 우위성이 성립하고 있었던 것입니다. 또한 가족을 향한 반복적 비난은 명백히 괴롭힘이며, 업무 공간에서 발생한 이상 직장 내 괴롭힘에 해당합니다. 하지만 사측의 기계적 해석 탓에 피해가 인정되지 않았습니다.

2. 동료들끼리 장난 좀 칠 수 있지

동료라는 이름을 내세워 마땅히 지켜야 할 선을 지키지 않는 경우는 의외로 흔합니다. 때로는 그 선 넘는 행동이 피해자의 안전을 위협하기도 합니다. 그런 상황에서조차 '동료'이기 때문에 괴롭힘이 아니라고 생각한 사람들도 있었습니다. 괴롭힘에 대한 둔감성이 얼마나 극단적일 수 있는지 보여주는 사례입니다.

사례 1) 폭력에 금품 갈취도 장난일 뿐

"형한테는 같이 친해지려고 게임하는 거라고 했대요. 누가 게임 벌칙하면서 사람 등에 피멍이 들도록 때려요? 누가 게임 졌으니까 돈 내놓

으라고 집에까지 쫓아와서 독촉하냐고요. … 그게 다 동료들끼리 장난 친 거래요. 사장도 똑같은 소리나 하고."(피해자의 동생, 남성)

본 사례는 제가 관련 연구를 시작한 이래 접했던 중 가장 심각한 국내 사건에 해당합니다. 신체적 폭력과 폭언, 금품 갈취, 개인 소지품 훼손 등이 피해자가 입사한 순간부터 퇴사 이후까지 1년 가까이 이어진 사건이었습니다. 하지만 언론에 노출된 적도 없고, 심지어 사내 신고조차 제대로 하지 못한 사건이었습니다. 당시 피해자가 장애인이었고, 신고할 수 있다는 사실조차 몰랐기 때문입니다. 이 사건을 알게 된 것은 피해자의 동생(비장애인)의 제보를 통해서였습니다.

A. 사례자: 피해자의 동생

B. 피해자: 남성, 20대, 지능 장애와 경증 언어 장애, 경증 지체 장애가 있는 장애인

C. 가해자: 피해자가 신입으로 입사한 직장에서 함께 근무하던 20~30대 남성 동료들 다수

D. 발생한 사건과 배경
피해자는 장애인 특별 채용으로 남성 중심 직종에 취업했습니다. 입사 첫날부터 환영식 명목으로 과도한 음주를 강요받았고, 게임 벌칙을 빌미로 구타를 당했습니다. 이후 가해자들은 "친해지기 위한 것"이라며 폭력을 이어갔습니다. 맞은 날이면 피해자는 방에 틀어박혀 가족과 대

화조차 하지 않았습니다. 가족은 이상함을 느꼈지만 피해자는 "동료들과 친해졌다"라고만 말했습니다. 가해자들은 피해자를 강제로 돈이 걸린 카드 게임에 참여시키고, 규칙을 잘 모르는 피해자가 지도록 유도한 뒤 판돈과 월급을 갈취했습니다. 이후에는 빚을 졌다며 협박했습니다. 성적 괴롭힘 정황도 있었으나, 피해자는 구체적으로 이야기하기를 거부했습니다.

E. 피해자(또는 피해자 가족)의 대응

피해자는 자신의 피해 상황을 인식하지 못했고, 도움을 요청해야 한다는 판단도 하지 못했습니다. 사건의 심각성을 인지한 사례자(동생)가 항의하기 위해 피해자의 직장을 방문했지만, 직장 경험이 없는 몸으로 조직적·법적 대응을 하는 데는 어려움이 있었습니다. 사례자가 경찰에 신고하자고 했으나 피해자는 '가해자들이 가족까지 해칠까 봐' 끝까지 거부했습니다. 결국 사례자는 피해자를 강제로 퇴사시켜 상황을 종료시켰습니다.

F. 조직 내부의 대응

피해자의 동생이 조직을 방문하여 문제를 제기하자 사업주는 "남자들만 있는 직장은 원래 좀 거칠다, 나쁜 애들은 아니다"라며 사태를 축소하려는 태도를 보였습니다. 어떠한 공식적인 조사나 조치도 취하지 않았습니다.

G. 외부 기관의 대응

본 사건은 외부에 전혀 신고되지 않았습니다. 피해자 역시 장애로 인해 법적 구조 접근이 어려웠고, 가족 또한 제도적 절차를 활용하지 못했습니다.

H. 가해자의 반응

가해자들은 가족의 항의 이후 보복으로 피해자의 옷을 찢고, 사례자까지 해치겠다고 협박했습니다. 퇴사 후에도 피해자에게 빚 독촉과 함께 욕설, 장애인 비하 발언을 하며 집 앞까지 찾아왔습니다. 사례자가 강경하게 대응한 뒤에야 괴롭힘이 멈추었다고 합니다.

I. 피해자 및 주변인에게 남겨진 영향

피해자는 퇴사 후에도 협박과 불안으로 쉽게 정상 생활로 돌아가지 못했습니다. 사례자는 가족을 지키려다 극심한 스트레스와 절망을 겪었습니다. 이 사건은 장애인 노동자 보호의 취약성을 여실히 드러낸 사례입니다.

J. 시사점

이 사건은 직장 내 괴롭힘 중에서도 가장 심각한 수준의 인권침해 사례입니다. 피해자는 중복 장애를 가졌으나, 직장에서 아무런 보호도 받지 못했습니다. 장애인 근로자에 대한 폭행·금품 갈취·모욕·성희롱은 명백한 인권침해이지만, 피해자는 자신의 권리를 인식할 수 없었고, 주변인도 어떻게 대응해야 할지 몰랐습니다. 현행 제도는 장애인 근로자를 보호할 장치가 있지만, 신고 없이는 작동하지 않는 한계가 있습니다.

가해자들은 폭행과 갈취, 협박을 '장난'이나 '친해지기 위한 수단'이라며 정당화했고, 피해자가 항의조차 못 하도록 심리적으로 통제했습니다. 사측은 이를 제지하거나 조사하지 않았고, "남자들끼리는 원래 거칠다"라며 폭력을 방치했습니다.

이 사례는 직장 내 괴롭힘이 사회적 약자에게는 생명권까지 위협하는 문제가 될 수 있음을 보여줍니다. 정책과 법, 조직문화 전반에서 가장 취약한 약자를 위한 보호장치가 시급히 마련되어야 합니다.

3. 후임이니까 괜찮아

후임의 가해행위는 우리나라만의 문제가 아닙니다. 영국 자선단체 BulliesOut은 근로자의 6.7%가, 미국 WBI는 14%가 직속 상사를 괴롭힌 적 있다고 발표했고, 호주에서는 25%라는 높은 수치가 보고된 바 있습니다. 우리나라에서는 직장 내 괴롭힘 금지법 시행 이후 을질이 약 4배가량 크게 증가했습니다.[24]

호주의 HR 전문가들은 을질의 특징을 아래와 같이 지적합니다.

- 주로 간접적으로 이뤄져 상사가 문제 제기하기 어렵다.
- 단독보다는 집단으로 가해행위를 한다.
- '허위 갑질 신고'를 수단으로 사용하기도 한다.

을질은 개인의 문제가 아니라 조직문화와 깊은 관련이 있으며, 그 배경으로는 다음이 꼽힙니다.

- 조직 변화에 비해 정보 전달이 부족할 때
- 내부 소통이 원활하지 않아 지시가 엇갈릴 때

---

[24] 2016년 조사에서 '가장 괴롭힘을 많이 한 사람'이 후임이었다는 응답은 2.7%에 불과했지만, 2023년 조사에서는 11.7%로 크게 늘었습니다. 반면 직장 내 괴롭힘 전체 피해율은 같은 기간 21.4%에서 19.3%로 소폭 감소하여, 전체적으로 을질 피해자 비중이 크게 높아졌음을 시사합니다.

- 상황 통제 불가감을 느낄 때
- 조직의 전략과 방향이 불분명할 때
- HR 체계가 미비하거나 무력화된 상태일 때

해외 및 국내 연구, 전문가 보고서, 그리고 제가 접한 현장 사례를 바탕으로 나라별 을질 유형 정리해 봤습니다(〈표 VI-1〉 참조).

〈표 III-1〉 국가별로 확인된 을질 행위 유형[25]

국가			
미국	영국	호주	우리나라
· 부정적인 소문 퍼트리기	· 험담 및 소문 전파	· 험담 및 소문 전파	· 뒷담화 및 허위 소문 전파
-	· 허위 갑질 신고	· 허위 갑질 신고	· 허위 갑질 신고 및 신고하겠다는 협박
· 상사의 업무 방해 · 상사가 기대하는 결과를 모르는 척하기	· 상사가 무능력해 보이게 하는 행동	-	· 중요 정보 비공유 · 문제 발생 시 책임전가 · 업무적인 배제
· 성희롱	· 성희롱	-	· 성희롱
· 직·간접적으로 위협하는 언행 · 과도한 감시 · 상사의 권한을 조롱하는 언행	· 상사와 상사의 권한을 무시하는 언행	· 상사의 권한을 무시하는 태도 · 직·간접적으로 위협하는 언행	· 직·간접적으로 무시하는 태도와 언행 · 직·간접적으로 위협하는 언행
· 상습적으로 지체되는 업무처리	· 업무 지시 거부	· 마무리되지 않은 업무 방치	· 업무 지시 거부 · 마무리되지 않은 업무 방치 및 마무리 거부 · 업무 미수행
· 반복적인 지각 및 결근 · 반복적인 내·외부 회의 지각(집단행동)	· 반복적인 내·외부 회의 지각(집단행동)	-	· 반복적인 지각/결근 · 일방적인 퇴사 · 반복적인 내·외부 회의 지각(집단행동)

---

25) 일부 항목은 제가 찾은 자료에서는 미처 확인할 수 없었으나, 이는 해당 을질이 존재하지 않는다는 의미는 아닙니다.

국가			
미국	영국	호주	우리나라
-	·상식적이지 않은 배려/혜택 요구	·상식적이지 않은 배려/혜택 요구	·상식적이지 않은 배려/혜택 요구
-	-	-	·개인관계에서의 배제 (식사, 티타임, 대화 등)
-	-	-	·악질적인 장난

상사에 대한 뒷담화나 헛소문은 가장 흔한 을질 유형이며, 국내에서는 허위신고도 꽤 흔하게 발생하고 있습니다. 두 유형 모두 괴롭힘 판단에서 이중잣대의 문제를 드러냅니다. 상사가 후임에 대해 뒷담화나 헛소문을 퍼뜨리면 누구나 이를 괴롭힘으로 인식하지만, 반대로 후임이 상사에 대해 같은 행동을 할 때는 "상사 험담을 안 하는 사람이 어디 있냐"라는 식으로 가볍게 여겨지곤 합니다. 허위신고 역시 피신고인에 대한 유죄추정 사례가 문제되고 있습니다. 뒷담화와 헛소문은 흔한 사례이기 때문에, 허위신고 관련 내용은 저의 전작인 『을(乙)의 가면』에서 다루었으므로 여기서 별도로 설명하지는 않겠습니다. 다만 이후 살펴볼 사례들에서 관련 행위가 함께 확인되는 경우가 있습니다.

① **정보 비공유/책임전가/업무적 배제**

사례 1) 저 사람 낙하산이야

"나중에는 (가해자들이) 대놓고 제가 말하는 거 무시하고 비웃어도 제가 할 수 있는 게 아무것도 없었어요. 내가 상사라서."(피해자, 여성)

피해자는 실력과 성과를 인정받아 이른 나이에 부서장이 되었지만,

기존에 부서장 자리를 노리던 부서원들로부터 낙하산 취급을 받으며 배제당했습니다. 부서원들은 피해자를 무시하고, 업무를 의도적으로 방해했으며, 정보 공유도 차단했습니다. 결국 반복된 문제로 피해자만 책임을 지게 되었고, 회사는 그를 무능력한 관리자라고 판단했습니다. 자존감에 큰 상처를 입은 피해자는 끝내 회사를 떠날 수밖에 없었습니다.

A. 사례자: 피해자/목격자

B. 피해자: 여성, 30대, 정규직 부서장

C. 가해자: 남녀, 20~30대, 대리급 이하 부서원 다수

D. 발생한 사건과 배경
피해자는 능력으로 부서장에 발탁됐으나, 부서 내 기존 승진 후보자와 그 주변 부서원들이 적대적인 태도를 보였습니다. 부서원들은 피해자를 낙하산이라 부르며 협조를 거부했고, 의도적으로 정보를 숨겼습니다. 출장 중 중요한 사안을 피해자에게 보고하지 않아 업무에 차질이 생겼고, 결국 모든 책임이 피해자에게 돌아갔습니다. 회사는 피해자의 리더십에 의문을 품게 되었습니다.

E. 피해자(또는 피해자 가족)의 대응
피해자는 사측에 부서원들의 방해와 배제 행위를 수차례 호소했습니다. 그러나 사측은 피해자의 말을 받아들이기보다는, 그가 부서원조차 제대로 통제하지 못하는 무능한 관리자라고 판단했습니다.

F. 조직 내부의 대응

초기에는 피해자의 실력과 성과를 인정하며 신뢰를 보였던 회사는 반복되는 문제 상황 속에서 점차 피해자의 리더십에 문제가 있다고 판단했습니다. 피해자가 호소했던 부서원들의 조직적 방해에 대해서는 조사조차 진행하지 않았으며, 피해자에게 관리 역량 부족의 책임을 전가했습니다.

G. 외부 기관의 대응

외부 기관에 신고되거나 개입된 사례는 없었습니다.

H. 가해자의 반응

부서원들은 일관되게 피해자를 낙하산이라 지칭하며 무시하고, 직접적인 불복종이나 뒷담화로 피해자를 압박했습니다. 문제 발생 시 피해자에게 책임을 전가했고, 이로 인해 부서 내부의 갈등은 점차 심화되었습니다.

I. 피해자 및 주변인에게 남겨진 영향

피해자는 형편없는 근무 평가를 받았고, 자존감과 직무 자부심에 큰 상처를 입었습니다. 반복되는 업무 배제와 조직의 외면 속에서 결국 스스로 퇴사를 선택하게 되었습니다. 유능한 젊은 리더가 정당한 대우를 받지 못하고, 밀려나게 된 것입니다.

J. 시사점

본 사례는 능력을 갖춘 직원이 관리자의 자리에 올랐음에도 기존 구성원들의 조직적 배제와 회사의 무관심 속에서 몰락하게 된 을질 피해의 전형을 보여줍니다. 특히, 피해자가 여성이라는 점과 비교적 이른 나이에 부서장이 되었다는 점에서, 나이와 성별에 기반한 편견이 어떠한 방식으로 작동하는지를 잘 보여줍니다. 갈등회피적이고 게으른 조직은 이런 문제를 관리자 개인의 책임으로만 돌립니다. 하지만 관리자가 권한을 적절히 행사할 수 있도록 환경을 만드는 것도 조직이 해야 할 역할입니다. 이런 문제가 발생할 경우, 조직은 관리자의 호소를 접수하고 바로 객관적 사실을 확인하기 위한 조사를 진행해야 합니다. 또한 집단적 방해와 배제 행위에 대해 보다 엄중하게 다루는 문화와 시스템을 갖춰야 합니다.

② 성희롱

사례 1) 고백이요? 그거 장난이었는데

"전 밤새 잠도 못 자고 고민했는데 그게 (가해자에게는) 그냥 장난이었어요."(피해자, 여성)

피해자는 조카뻘인 신입 직원으로부터 갑작스러운 고백을 받았습니다. 처음에는 당황했지만, 혹시 진심일지도 모른다는 생각에 진지하게 고민했습니다. 그러나 그 고백은 단지 가해자가 친구와 벌인 장난 내기의 일부였습니다. 피해자는 성희롱과 조롱으로 인한 수치심을 동시에 겪어야 했습니다. 이 사건은 단순한 감정 표현이 아닌, 상대의 지위와 연령을 교묘히 이용한 성희롱이자 명백한 을질 행위였습니다.

A. 사례자: 피해자/목격자

B. 피해자: 여성, 50대 초반, 정규직

C. 가해자: 남성, 20대, 계약직, 신입 직원

D. 발생한 사건과 배경
피해자는 조카뻘인 신입 남직원에게 예상치 못한 고백을 받았습니다. 젊은 신입이 혹시 진심일까 고민하며 며칠간 잠을 설쳤고, 문제를 조용히 정리하려 했습니다. 그러나 가해자는 "장난이었는데 너무 심각하세요"라며 웃어넘겼고, 친구와의 '취업 기념 내기'였음을 밝혔습니다.

가해자는 젊은 여직원에게 고백할 경우 성희롱으로 보일 것을 우려해, 중년 여성 상사를 타깃으로 삼았습니다. 젊은 여성과 고령 여성을 대하는 사회의 이중잣대를 악용한 것이었습니다. 하지만 피해자에겐 극심한 모욕과 상처가 되었습니다.

E. 피해자(또는 피해자 가족)의 대응
피해자는 가해자에게 직접 진지한 태도로 문제를 지적하고 사과를 요구했으나, 가해자는 웃어넘기며 장난이었다는 말로 끝맺었습니다. 피해자는 공식적인 조직 내 신고는 하지 못했습니다. 조직 내 분위기와 자신의 위치, 사건의 성격상 본인이 더 민망해질 것이 분명했기 때문입니다.

F. 조직 내부의 대응

공식적인 신고나 보고가 없었기 때문에 조직 차원의 대응은 이루어지지 않았습니다.

G. 외부 기관의 대응

신고가 없었으므로 외부 기관의 대응도 없었습니다.

H. 가해자의 반응

가해자는 장난이었다며 사과조차 하지 않았습니다. 피해자의 정서적 고통에 대한 인식도 부족했고, 오히려 "그 정도로 심각하게 받아들일 줄은 몰랐다"라는 가벼운 태도를 보였습니다. 가해자의 언행은 성희롱의 개념을 왜곡하는 성인지 감수성 부족을 드러냅니다.

I. 피해자 및 주변인에게 남겨진 영향

피해자는 이후 신입 남직원과의 관계에서 극심한 거리감을 유지하게 되었으며, 다른 후배나 남성 동료와도 불필요한 오해를 피하고자 스스로 위축된 커뮤니케이션을 이어가고 있습니다. 본인의 연령과 성별이 이 사건에서 왜 약점이 되었는가를 되짚으며 자괴감에 시달렸다고 합니다.

J. 시사점

직장 내 성희롱과 괴롭힘은 나이, 직급, 성별과 무관하게 발생합니다. 중년 여성이라 수치심을 덜 느낄 것이라는 인식은 명백히 그릇된 편견입니다.

이번 사례는 을질의 교묘한 형태로, 가해자가 '사회적 약자'임을 내세워 상사를 괴롭히고, 이를 유머로 포장하며 책임을 회피한 사례입니다.

유머와 장난은 당한 사람도 즐거울 수 있을 때나 그렇게 볼 수 있습니다. 당한 사람이 괴롭고 모멸감을 느낀다면 더 이상 장난이 아닙니다.

사례 2) 남자도 새벽에 이런 톡 받으면 기분 나쁘죠

"(가해자가) 어디서 성희롱당했었다 쳐요. 안됐죠. 당연히 기분 나쁠 거고. 그런데 왜 아무 상관도 없는 저한테 그런 문자를 보냈는지 도대체가 이해 안 가요."(피해자, 남성)

'미러링(mirroring)'은 본래 상대의 감정이나 언행을 반영해 유대감을 쌓거나 성찰을 유도하는 방식입니다. 하지만 미러링을 가장하여 또 다른 가해행위를 저지르고, 피해자에게 큰 고통을 주는 사례도 꾸준히 확인되고 있습니다.

A. 사례자: 피해자/목격자

B. 피해자: 남성, 30대

C. 가해자: 여성, 20대

D. 발생한 사건과 배경

피해자는 신혼 무렵, 신입 여직원(가해자)과 같은 부서에서 근무했고, 별다른 갈등 없이 동료 관계를 유지하고 있었습니다. 그런데 어느

날 새벽, 가해자가 연인처럼 오해할 수 있는 톡을 보내왔고, 이를 본 피해자의 아내가 불륜을 의심하며 화를 내고 친정으로 가버렸습니다.

피해자가 가해자에게 항의하자, 가해자는 "친구에게 보낼 장난 메시지를 잘못 보낸 것"이라고 했습니다. 아내에게 해명하라고 피해자가 요구했으나, "화내실 거잖아요"라며 해명을 거부했습니다. 얼마 후, 가해자는 같은 시간대에 비슷한 메시지를 다시 보냈습니다. 피해자가 강하게 항의하자 "남자도 이런 톡 받으면 기분 나쁘죠? 여자는 어떨 것 같아요?"라며 조롱하듯 말했습니다. 가해자의 행위에 처음부터 의도성이 있었음을 보여주는 발언이었습니다.

E. 피해자(또는 피해자 가족)의 대응

피해자는 사건 직후 가해자에게 직접 항의했고, 아내에게 상황을 해명하기 위해 가해자의 협조를 구했으나 거절당했습니다. 공식적인 신고나 조직 내부 절차를 밟지는 않았습니다.

F. 조직 내부의 대응

신고가 없었기 때문에 조직 내부의 공식적인 대응은 없었습니다.

G. 외부 기관의 대응

신고가 없었으므로 외부 기관의 대응도 없었습니다.

H. 가해자의 반응

가해자는 처음에는 실수였다고 해명했으나, 피해자의 반복적인 불쾌감 표출에도 오히려 조롱에 가까운 반응을 보이며 책임을 회피했습니다. "여자는 어떨 것 같냐"라며 본인의 행동을 일종의 '교육적 미러링'인 양 포장하는 말을 하기도 했습니다. 하지만 실제 가해자의 행각은 그저 '상대적으로 만만한' 선임을 타깃 삼은 공격 행위일 뿐이었습니다.

I. 피해자 및 주변인에게 남겨진 영향

피해자는 아내와의 관계에 금이 갔고, 큰 스트레스에 시달렸습니다. 또한 가해자가 또다시 문제를 일으킬까 두려워 신고도 하지 못했습니다. 피해자는 후임 여직원과 나이 차이, 직급 차이 때문에 도리어 자신이 누명을 쓸까 봐 우려해야 하는 상황에 놓였다며 씁쓸함을 토로했습니다.

J. 시사점

을질 피해자(또는 역 성희롱 피해자)는 오히려 갑질 피해자보다도 신고하기가 어렵습니다. 직급이 더 낮거나, 나이가 어린 후임의 가해행위가 발생했을 때, 피해자를 '후임도 제대로 관리하지 못하는 사람'으로 보는 시선이 있기 때문입니다.

특히 성적인 내용이 포함되어 있을 때, 피해자는 '오해받을까 봐', '명예가 실추될까 봐' 조용히 덮으려는 경향을 보이는데, 이런 현상을 가해자가 의도적으로 활용하기도 합니다. 피해자의 우월한 위치가 오히려 약점이 되는 구조 속에서 발생하는 '역 권력형 괴롭힘' 사례로 볼 수 있습니다.

③ 무시하거나 위협하는 언행

사례 1) 난 이 여자랑 일 못 해요

"처음부터 저 보는 시선이 좀 불순하다고 느끼긴 했어요. 은근슬쩍 반말 섞으면서 말하고, 회의 시간에 제가 말하고 있으면 딴청 피우고."(피해자, 여성)

본 사례는 정규직 여성 부서장이 신입 남직원의 무시, 폭언, 허위신고에 휘말려 조직에서 밀려난 을질 사건입니다. 피해자는 정식 조사를 요구했지만 회사는 이를 거부하고, 가해자의 억지 주장과 협박에 굴복해 피해자에게 책임을 떠넘겼습니다. 이는 조직이 진실 대신 편의를 택하는 과정을 보여줍니다.

A. 사례자: 피해자/목격자

B. 피해자: 여성, 30대, 정규직, 부서장

C. 가해자: 남성, 30대, 신입 직원

D. 발생한 사건과 배경

피해자는 이른 나이에 부서장을 맡은 실력 있는 관리자였습니다. 같은 부서에 나이가 비슷한 신입 남직원이 들어왔고, 피해자는 업무 교육을 위해 여러 차례 대화를 시도했습니다. 그러나 가해자는 지시를 무시하고 딴짓을 일삼다 업무 사고를 냈고, 피해자가 다시 대화를 시도하자

"무시한다"라며 욕설과 위협적인 언행을 했습니다. 이후 피해자가 자신을 괴롭혔다며 허위신고를 하였고, 회사는 피해자에게 사과를 요구했습니다. 피해자는 정식 조사를 원했으나 회사는 이를 거부하고 가해자의 편을 들었습니다. 가해자는 노동청 신고까지 언급하며 회사를 압박했고, 결국 피해자가 조직을 떠나게 되었습니다.

E. 피해자(또는 피해자 가족)의 대응

피해자는 정식 조사를 요청하며 억울함을 호소했으나, 회사는 이를 받아들이지 않았고 피해자에게 사과만을 강요했습니다. 회사의 압박이 심해지면서 피해자는 조직을 떠날 수밖에 없었습니다.

F. 조직 내부의 대응

회사는 가해자의 허위신고에 대해 진상을 규명하려 하지 않았으며, 피해자를 희생시키는 쪽으로 방향을 잡았습니다. 가해자의 항의와 노동청 신고 위협에 떠밀려 피해자에게 책임을 묻는 방식으로 문제를 처리했습니다.

G. 외부 기관의 대응

외부 신고는 없었습니다.

H. 가해자의 반응

가해자는 자신에게 업무 지도를 시도한 피해자에게 "무시했다"라며 폭언을 퍼붓고, 이후 허위신고를 통해 피해자를 궁지로 몰아넣었습니다. 자신이 저지른 실수와 위협적 언행에 대한 반성은 없었으며, 노동청 신고까지 거론하며 조직에 압력을 행사했습니다.

I. 피해자 및 주변인에게 남겨진 영향

피해자는 심각한 정서적 타격과 함께 부당한 조치로 인해 조직을 떠나야 했고, 이후 동료들도 회사의 부당한 대응에 대해 불신을 가지게 되었습니다. 사건은 정당한 권위와 노력의 붕괴, 그리고 조직 내 진실이 제도의 악용 앞에 무너지는 상황을 보여주는 사례가 되었습니다.

J. 시사점

이번 사건은 직급이 높다고 해서 반드시 실질적 권력을 행사할 수 있는 것이 아님을 보여줍니다. 신입 직원이라도 허위 주장으로 권력관계를 뒤집을 수 있고, 조직은 이를 편의적으로 수용해 진짜 가해자가 피해자로 둔갑하게 만들 수 있습니다.

조직은 갈등 시 한쪽 주장만 듣고 성급히 결론 내리지 말고, 허위신고 가능성까지 염두에 둔 철저한 진상조사를 시행해야 합니다. 을의 위치에 있는 사람도 언제든 가해자가 될 수 있으며, '약자의 언어'로 포장된 주장도 세심한 검토가 필요합니다.

④ 업무지시 거부 및 미수행

사례 1) 저 다른 일 때문에 바빠요

"프로젝트가 1년인데 회의를 한번 안 왔어요. 이메일로 일할 거 보내도 몇 달씩 답이 없고. 직접 봐서 얘기하면 다른 일 때문에 너무 바빠서 그랬다고 발뺌하고."(피해자, 여성)

본 사례는 조직 내 프로젝트에서 기여하지 않고 책임을 회피한 구성원이 지적을 받자 오히려 피해자 행세를 하며 상황을 뒤바꾼 을질 사례입니다. 진(眞) 피해자는 협업을 위해 노력했지만 조직은 가해자의 허위 주장에 손을 들어주었고, 가해자는 부서 이동 뒤에도 지속적으로 적대적 태도를 보였습니다. 피해자는 장기간 심리적 압박을 겪어야 했습니다.

A. 사례자: 피해자/목격자

B. 피해자: 여성, 30대 초반, 정규직, 중간관리자급

C. 가해자: 여성, 30대 중반, 평사원급

D. 발생한 사건과 배경

피해자는 실력을 인정받아 프로젝트 책임자가 되었고, 가해자는 그 프로젝트의 행정 업무 지원으로 배정됐습니다. 그러나 가해자는 회의에 거의 참석하지 않았고, 맡은 업무도 "다른 일 때문에 바쁘다"라며 미뤘습니다. 피해자가 "차라리 프로젝트에서 빠지라"고 제안했지만, 가해자는 점수를 위해 참여를 고집하면서도 실제 기여는 하지 않았습니다.

가해자는 피해자보다 직급이 높고 남성인 다른 프로젝트 책임자에게는 자발적으로 협조했는데, 이는 권력 구도에 따른 선택적 협력으로 볼 수 있습니다. 피해자가 부서장에게 문제를 알리자, 가해자는 도리어 피해자가 자신을 괴롭혔다며 허위 주장을 했고, 다른 부서로 이동했습니다. 하지만 이동 후에도 10년 넘게 피해자를 노려보거나 회피하며 적

대감을 드러냈습니다.

E. 피해자(또는 피해자 가족)의 대응

피해자는 조용한 해결을 바라고 정식 신고는 하지 않았지만, 프로젝트 차원의 업무 보고와 부서장 면담을 통해 문제를 알렸습니다. 그러나 뚜렷한 조치는 이루어지지 않았고, 가해자의 피해자 행세가 조직 내에서 받아들여졌습니다.

F. 조직 내부의 대응

조직은 문제 상황에 대해 진지하게 사실관계를 조사하거나 중재하지 않았고, 가해자의 요청을 받아들여 부서 이동이라는 수동적인 조치로 사태를 마무리했습니다. 피해자가 업무 책임자로서 겪은 부담과 정신적 피해는 전혀 고려되지 않았습니다.

G. 외부 기관의 대응

외부 신고는 없었습니다.

H. 가해자의 반응

가해자는 프로젝트 기여도가 거의 없음에도 불구하고, 책임자에게 항의받은 상황을 '괴롭힘'으로 왜곡하여 피해자 행세를 했습니다. 이후 다른 부서로 이동했음에도 피해자와 마주칠 때마다 노려보는 등 공격적인 태도를 유지했습니다.

I. 피해자 및 주변인에게 남겨진 영향

피해자는 직속 후배의 기만적인 태도와 부당한 피해 주장으로 심각한 심적 고충을 느꼈습니다. 부서 차원에서 제대로 된 문제 해결이 이뤄지지 않아 고립감을 느꼈고, 이후 타 프로젝트를 주도하는 데 있어 심리적인 위축을 경험하기도 했습니다.

J. 시사점

이번 사례는 의무 회피와 비협조가 명백함에도 조직이 중재하지 않고 방기한 상황을 보여줍니다. 을질은 낮은 직급이나 '약자 포지션'을 내세워 상급자를 공격하고 피해자로 위장하는 형태로 흔히 나타납니다. 조직은 이런 은밀한 을질에 민감하게 대응하고, 정당한 업무 수행 여부를 기준으로 객관적 판단을 해야 합니다. 을질 가해자는 이미 상급자를 만만히 보기 때문에, 조직 차원의 개입 없이는 개선이 어렵습니다.

⑤ 반복적 지각/결근, 일방적 퇴사

사례 1) 저 내일부터 안 나가요. 일한 날까지 월급 보내주세요

"근로자 보호, 다 좋아요. 네, (사업주도) 지킬 건 지키고 잘해야죠. … 직원이 문제 일으키면 사업주는 아무것도 못 하고 손 놓고 있어야 하는 거, 이런 게 근로기준법 취지가 맞나요?"(피해자, 남성)

본 사례는 소규모 사업장에서 일어난 을질 사건입니다. 초기엔 신뢰로 유지되던 조직문화가 한 비정규직 직원의 입사 이후 무너지기 시작했습니다. 피해자(사업주)는 기존 직원들로부터도 무책임하고 무례한

태도를 반복적으로 겪었고, 퇴사자에게는 근로기준법을 내세운 협박까지 당했습니다. 하지만 피해자는 어디에도 피해를 호소하지 못했습니다.

A. 사례자: 피해자/목격자

B. 피해자: 남성, 30대, 소규모 사업장 사업주

C. 가해자: 남녀, 20~30대, 정규직 및 비정규직 서너 명

D. 발생한 사건과 배경

피해자는 직원 10~20명 규모의 사업장을 운영해 왔으며, 초기에는 조직 분위기도 원만했습니다. 그러나 새로 채용한 비정규직 가해자가 상습 지각, 결근, 무책임한 태도를 보이며 분위기를 흔들기 시작했습니다. 피해자가 여러 차례 주의를 줬으나, 가해자는 오히려 "갑질로 신고하겠다"라고 협박했습니다.

협박당한 피해자는 가해자의 방만한 태도를 제지할 수 없었습니다. 가해자가 방치되자, 비교적 열심히 일하던 다른 직원들 사이에서도 지각과 무단결근, 업무지시 무시가 증가하기 시작했습니다.

가해자는 1년 조금 넘게 근무한 뒤 하루 전날 전화로 퇴사를 통보했습니다, 자신이 일한 날과 연차수당을 모두 달라며 노동청 신고를 언급했습니다. 피해자는 가해자의 근무 태만을 이유로 일부 급여 조정을 고민했으나, 신고 협박에 심리적으로 큰 압박을 받았습니다. 조직 내 신뢰도 크게 무너졌습니다.

E. 피해자(또는 피해자 가족)의 대응

피해자는 대부분 상황을 참았지만, 가해자의 퇴사 협박으로 극심한 스트레스와 무력감을 호소했습니다. 공식적으로 도움을 요청할 곳도 없었습니다.

F. 조직 내부의 대응

해당 조직은 사업주 개인이 직접 운영하는 구조로, 별도의 중간 관리자나 인사 전담 부서가 없어 공식적인 대응체계가 없었습니다. 피해자는 개인적으로 가해자들에게 항의하거나 타협을 시도했으나 모두 실패로 돌아갔습니다.

G. 외부 기관의 대응

실제로 신고가 이루어졌는지는 확인되지 않았지만, 가해자는 노동청 신고를 거론하며 협박성 요구를 했습니다. 피해자는 사업주라는 이유로 스스로를 방어할 제도적 장치가 거의 없다고 느꼈다고 말합니다.

H. 가해자의 반응

비정규직 가해자는 퇴사 과정에서 어떤 책임감도 보이지 않았고, 오히려 본인이 피해자인 것처럼 행동하며 급여를 빌미로 법적 위협을 가했습니다. 동조한 일부 직원들도 조직의 흐트러진 문화를 방조하거나 적극 가담하며 책임을 회피했습니다.

I. 피해자 및 주변인에게 남겨진 영향

피해자는 사업 운영 자체에 대한 회의감을 느끼고 있습니다. '고용주'

로서의 권한보다는 외로움과 무력감을 더 크게 느꼈다고 합니다. 이후에는 새로운 인력 채용과 업무 지시 자체에도 위축되었다고 밝혔습니다.

J. 시사점

소규모 사업장의 사용자 역시 명백한 을질 피해자가 될 수 있습니다. 노동법의 사각지대 속에서, '사용자=갑'이라는 이분법적 시선은 때로는 사업주를 완전히 무방비 상태에 놓이게 만듭니다.

을질은 '사회적 약자 프레임'을 무기로 삼아 발생합니다. 노동관계법이 오용되거나 남용될 경우, 선의의 사용자와 책임감 있는 관리자가 심각한 불이익과 정신적 피해를 겪을 수 있습니다. 조직 내에 개인이 만든 균열은 어느새 조직 전체를 위협하는 병폐가 됩니다.

사업주 역시 피해 상황에 대한 상담과 신고를 자유롭게 요청할 수 있는 실질적 창구와 법적 보호장치가 마련되어야 하며, '사용자도 약자가 될 수 있다'는 인식 전환이 이제는 필요합니다.

⑥ 상식적이지 않은 배려/혜택 요구

사례 1) 나 임신해서 너무 힘든데 그것도 못 도와줘요?

"임신해서 몸이 힘들면 동료로서 좀 도와줄 수는 있죠. 그래도 내가 자기 일을 다 해줘야 하는 건 아니잖아요? 그리고 도와주면 고마운 줄도 알아야 하고요."(피해자, 여성)

이 사례는 같은 부서에서 함께 일하는 여성 직원 간의 관계에서 발생한 을질 사례입니다. 피해자는 선의로 동료를 도왔으나, 가해자는 그 도움을 당연한 것으로 여기고 계속 더 많은 요구를 했습니다. 피해자가 거절하자 감정적으로 항의하면서 피해자를 곤란한 상황으로 몰아넣었습니다. 조직 역시 가해자의 주장만을 수용하며 편향된 판단을 했습니다.

A. 사례자: 피해자/목격자

B. 피해자: 여성, 30대 초반, 정규직, 5년 이상 재직

C. 가해자: 여성, 30대 중반, 비정규직, 신입

D. 발생한 사건과 배경

피해자는 신입인 가해자가 업무에 익숙지 않아 실수를 반복하자, 몇 차례 도와주었습니다. 처음엔 고마워하던 가해자는 점점 피해자에게 업무를 떠넘기고, 자신은 웹서핑 등으로 시간을 때우곤 했습니다.

피해자가 "이제 직접 해보라"라고 하자, 가해자는 사무실 한가운데서 울음을 터뜨리며 임신 사실을 언급하고, 피해자가 배려가 없다고 항의했습니다. 피해자는 그전까지 가해자의 임신 사실조차 몰랐습니다. 또한 가해자의 임신 여부와 관계없이, 자신이 과도한 업무 부담을 떠안는 것은 부당하다고 느꼈습니다. 그러나 부서장은 피해자의 말을 듣지 않고 "같은 여자끼리 도와줘야 한다"라며 가해자의 편을 들었습니다.

E. 피해자(또는 피해자 가족)의 대응

피해자는 부서장에게 그동안의 업무 부담을 설명하고 공정한 업무 분배를 요청했지만, 받아들여지지 않았습니다. 공식적으로 조직에 문

제 제기를 하지는 않았습니다.

F. 조직 내부의 대응
부서장은 피해자의 말보다는 가해자의 감정 표현에 초점을 맞추었고, 문제의 본질을 파악하지 않은 채 피해자에게 더 많은 부담을 떠안겼습니다. 사건의 조사는 이루어지지 않았습니다.

G. 외부 기관의 대응
외부 신고는 없었습니다.

H. 가해자의 반응
가해자는 피해자의 거절을 배려 부족으로 해석하며 공개적으로 감정을 표출했고, 이후에도 업무 태도나 자세에 변화를 보이지 않았습니다. 본인이 피해자인 것처럼 상황을 만들며 책임을 회피했습니다.

I. 피해자 및 주변인에게 남겨진 영향
피해자는 가해자의 돌변한 태도와 부서장의 편향적 판단으로 인해 심리적으로 위축되었고, 자신의 선의를 후회하게 되었습니다. 주변 동료들도 피해자의 곤란한 상황을 알게 되었지만, 적극적으로 개입하기는 어려운 분위기였습니다.

J. 시사점
이 사례는 감정을 무기 삼아 자신의 책임을 회피하거나 타인에게 전가하는 방식의 을질이 얼마나 교묘하게 작동할 수 있는지를 보여줍니다. 조직은 감정이 아닌 객관적 사실과 업무상 합리성을 바탕으로 판단해야 하며, 선의를 악용하는 을질에 대해서도 적절히 대응할 수 있는 체계를 갖추어야 합니다. 개인의 정서와 처지를 배려할 수는 있으나, 책임과 역할 분배는 기본적으로 공정하게 이루어져야 합니다. 개인사를 빌미로 월급 루팡 하는 직원이 있다면, 회사 측에서 나서서 대응해야 할 문제입니다. 동료 직원이 개인적으로 떠맡아야 할 짐이 아닙니다.

사례 2) 전골 속 콧물: 대충 먹는 시늉이라도 해줄 수 있는 거잖아요?

"콧물 들어간 전골은 도저히 못 먹겠더라고요. 입맛이 뚝 떨어졌어요."(피해자, 성별 미공개)

직장 동료들끼리 함께 식사를 하던 중, 한 직원이 전골냄비 앞에서 코를 풀었고, 피 섞인 콧물이 전골 안에 들어갔습니다. 이를 목격한 피해자는 식사 자체를 거절했는데, 이 행동이 가해자의 기분을 상하게 했다며 오히려 사과를 요구받는 일이 발생했습니다. 상식적인 위생 감각과 거부 의사는 존중되지 않았고, 가해자는 본인이 괴롭힘을 당했다고 주장했습니다.

A. 사례자: 피해자/목격자

B. 피해자: 익명(사건 당일 동석한 직원 중 한 명)

C. 가해자: 익명(사건 당일 전골 식사 자리에 있었던 직원 중 한 명)

D. 발생한 사건과 배경

직장 팀원들이 외부 식당에서 전골을 먹던 중, 가해자가 코를 풀어 피 섞인 콧물이 전골에 들어갔습니다. 피해자는 그 장면을 보고 식사 자체를 거부했고, 가해자는 "너무 예민하다"라며 불쾌감을 드러냈습니다. 가해자는 피해자에게 다른 사람들은 "먹는 시늉이라도 해줬다", 피해자의 행동으로 인해 본인이 상처받았다며 괴롭힘 피해를 주장했습니다. 신고를 언급하며 피해자를 협박하고, 사과를 요구하기도 했습니다.

E. 피해자(또는 피해자 가족)의 대응

피해자는 공식 대응을 하지 않았으며, 상황을 조용히 넘기려 했습니다. 다만 이후 가해자와 함께하는 자리를 불편해하게 되었습니다.

F. 조직 내부의 대응

공식적인 문제 제기가 없었기 때문에 조직 차원의 조사는 이뤄지지 않았습니다. 하지만 주변 동료들 사이에서 해당 사건에 관한 얘기가 돌았고, 일부는 피해자에 대한 안타까움을 표현했습니다.

G. 외부 기관의 대응

외부 신고는 없었습니다.

H. 가해자의 반응

가해자는 타인과 함께하는 밥상에서 코를 푼 행동을 반성하지 않고, 오히려 피해자의 반응이 자신에게 모욕감을 줬다고 주장했습니다. 피해자가 밥을 먹지 않은 것이 자신을 창피하게 만들었다는 이유로 오히려 피해자에게 사과를 요구했습니다. 또한 직장 내 괴롭힘으로 신고할 수도 있다는 식으로 피해자를 압박했습니다.

I. 피해자 및 주변인에게 남겨진 영향

피해자는 해당 식사 자리를 떠올리기조차 거북했고, 상식적인 위생 개념조차 없는 가해자의 주장 때문에 심리적 불편감을 겪었습니다. 특히 사과까지 요구받으면서 당황스러움을 넘어 황당함을 느꼈습니다. 함께 식사하는 자리에서 크게 코를 푼 것 자체가 매너 없는 행위였음에도 불구하고, 본인의 잘못은 생각하지 않는 가해자 때문에 황당하다고 했습니다.

J. 시사점

체액이 섞인 음식을 거부한 피해자의 행동은 당연히 존중돼야 할 권리입니다. 오히려 먹기를 강요하거나 눈치를 주는 것이 가해행위가 될 수 있습니다.

특히 가해자가 피해자의 정당한 거부를 괴롭힘으로 뒤바꾸려 한 것은 상황을 전도시키는 을질 행위입니다. '내 기분이 나쁘면 괴롭힘'이라는 잘못된 인식은 곳곳에서 괴롭힘의 상식을 뒤흔들고 있습니다. 조직은 갈등 상황에서 본질을 명확히 하고, 피해자의 기본권을 지키며, '신고'를 협박 수단으로 쓰는 행위에 단호히 대처해야 합니다.

⑦ 개인 관계에서의 배제(식사, 티타임, 대화 등)

사례 1) 아무것도 모르면서 무슨 부서장이야

"제가 그 부서 일을 잘 모르긴 했죠. 그래도 알아가려고 노력하는데 옆에서 훼방만 놓는 게 무슨 동료인가요?"(피해자, 남성)

이 사례는 높은 직급에 있는 정규직 남성조차도 조직 내 타 부서로 이동된 뒤, 동료들로부터 은근한 배제와 무시를 당하며 고립될 수 있음을 보여줍니다. 피해자는 부서장으로서 성실히 역할을 수행하려 했으나, 새 부서의 구성원들은 그를 끝내 받아들이지 않았고, 조직 역시 이를 바로잡지 못했습니다. 겉으로 드러나는 폭언이나 비난 없이도 조용한 따돌림만으로도 충분히 심각한 피해가 발생할 수 있다는 점에서 중요한 사례입니다.

A. 사례자: 피해자/목격자

B. 피해자: 50대 남성, 정규직, 고위 직급자

C. 가해자: 남녀 다수, 40~50대, 다양한 직급자, 특히 고위 직급자 중심

D. 발생한 사건과 배경
피해자는 한 부서에서 오랜 기간 일한 고위직 직원이었으나, 사업주의 지시로 다른 분야의 부서로 발령돼 부서장이 되었습니다. 하지만 새 부서원들은 왜 그가 부서장이 되었는지 납득하지 못했고, 피해자를 배제하기 시작했습니다.
피해자가 회의를 소집하고 소통을 시도했지만, 부서원들은 침묵으로 일관하거나 회의 후 피해자만 빼고 모여 식사와 잡담을 나누었습니다.

피해자가 실무를 배우려 해도 "자기 분야도 아니면서 왜 나서느냐"라며 험담했고, 피해자가 제안한 티타임이나 회식도 외면당했습니다. 어떻게든 부서를 운영하기 위해 발버둥 치던 피해자는 결국 소진되어 다른 부서로 이동했습니다.

E. 피해자(또는 피해자 가족)의 대응

피해자는 문제를 제기하거나 신고하지 않았습니다. 본인의 직위나 위치, 사건으로 인한 정서적 소진감으로 인해 더 이상 조직에 기대하거나 도움을 요청할 여력이 없었다고 합니다.

F. 조직 내부의 대응

피해자가 배제를 호소하지 않았고, 공식적인 갈등 상황으로 표면화되지 않았기 때문에 조직 차원의 대응은 없었습니다. 사업주 역시 본인의 인사 결정이 어떤 결과를 낳았는지에 대해 무심했습니다.

G. 외부 기관의 대응

외부 신고는 없었습니다.

H. 가해자의 반응

가해자들은 피해자를 직접적으로 공격하지는 않았지만, 배제와 무시로 일관했습니다. 피해자의 제안이나 회의 주재에 침묵하거나 무시로 대응했고, 사석에서는 피해자의 능력에 대한 험담을 했습니다. 조직 안에서 표면적인 충돌은 없었지만, 일상적인 직장생활에서의 조용한 따돌림과 조롱이 지속됐습니다.

I. 피해자 및 주변인에게 남겨진 영향

피해자는 사건으로 인해 큰 상처를 입었습니다. 자신을 배제하고 업무를 방해하는 부서원들로 인해 정신적으로 크게 소진되었습니다. 인간관계에 대한 경계심이 커졌고, 조직의 무관심에도 실망했습니다.

J. 시사점

이 사례는 직위나 연령, 정규직 여부와 관계없이, 누구나 조직 내에서 고립될 수 있음을 보여줍니다. 경영진이 인사를 결정한 맥락과 타당성을 적절하게 설명하지 않은 채 일방적으로 통보만 한다면, 새로 부서에 들어온 사람은 쉽게 '낯선 외부인'으로 찍혀 고립되고 맙니다.

본 사례는 폭언이나 노골적인 비방뿐만 아니라 침묵, 회피, 배제와 같은 비언어적 괴롭힘도 심각한 가해가 될 수 있음을 보여주기도 합니다. 조직은 침묵의 폭력을 경계하고, 새로운 구성원이 소속감을 가질 수 있도록 적극적인 소통과 중재, 조직문화 개선에 책임감을 가져야 합니다.

⑧ 악질적인 장난

사례 1) 여자 선임의 도시락 훼손 + 허위 갑질 신고

"남의 도시락을 함부로 망가뜨리는 것부터가 너무 반사회적이지 않나요? (가해자에게) 얘기했더니 오히려 제가 갑질하는 거래요."(피해자, 여성)

도시락 훼손에서 시작된 이 사건은 후임의 반복된 괴롭힘과 허위 갑질 신고로 이어진 복합적 을질 사례입니다. 피해자는 선임임에도 가해자의 행위를 제지할 수 없었고, 오히려 '후임을 제대로 통제하지 못한 사람'으로 몰려 사측으로부터 비난을 받았습니다. 조직의 소극적 대응과 가해자의 공격적 태도는 피해자의 고립감을 심화시켰습니다.

A. 사례자: 피해자와 주변인이 함께 제보한 사례

B. 피해자: 여성, 30대, 정규직

C. 가해자: 여성, 20대, 계약직

D. 발생한 사건과 배경
피해자는 사내 휴게실 냉장고에 도시락을 보관했는데, 도시락이 사라지거나, 휴지통에 버려지는 일이 여러 번 일어났습니다. 처음엔 실수라 여겼지만, 동료가 가해자가 도시락을 훼손하는 걸 목격했다고 알려주면서 사건을 파악하게 되었습니다.

피해자와 목격자가 남의 도시락을 훼손한 행위에 대해 항의하자, 가해자는 "증거 있냐"라며 오히려 화를 냈습니다. 또한 피해자와 목격자가 "자신을 짜고 괴롭힌다"라며 부서장에게 역신고를 했습니다. 부서장은 사실 확인도 없이 피해자에게 "후임 하나 다루지 못하냐"라고 질책했습니다.

E. 피해자(또는 피해자 가족)의 대응
피해자는 부당하다는 생각은 강했지만, 상황이 복잡해지고 자신이

오히려 '갑질 가해자'로 몰릴 위험이 있어 공식적으로 사내 신고는 하지 못했습니다. 주변 동료와 함께 사실관계를 해명하려 했지만, 관리자 측의 반응은 미온적이었습니다.

F. 조직 내부의 대응

가해자가 부서장에게 '선임으로부터 괴롭힘을 당했다'고 주장한 뒤, 부서장은 문제 상황을 확인할 생각도 않고, 피해자에게 "후임을 잘 다루라"라고 지적했습니다. 피해자의 말은 신뢰받지 못했고, 조직 차원의 조사는 이루어지지 않았습니다.

G. 외부 기관의 대응

외부 신고는 없었습니다.

H. 가해자의 반응

가해자는 본인의 행위에 대한 책임을 회피하면서 되레 선임의 질책을 '폭언', '갑질'로 포장해 맞서려 했습니다. 동료가 사건을 목격했음에도 불구하고, 피해자와 동료가 자신을 모함한다는 식으로 조직 내 갈등을 키웠습니다.

I. 피해자 및 주변인에게 남겨진 영향

피해자는 정서적 상처를 받았습니다. 자신이 잘못한 것이 없음에도 불구하고 오히려 사과를 강요당하고, 후임 관리 능력 부족이라는 프레임을 덮어쓰게 되었기 때문입니다. 동료 역시 목격자로 나섰다가 함께 곤란한 상황에 처하게 되었습니다.

J. 시사점

후임도 가해자가 될 수 있으며, 을질은 조직 내 권력 구도 외에도 인간관계의 '심리적 우위'를 통해 발생할 수 있습니다. 후임이라는 위치가 보호막이 되어 상급자의 질책조차 위축시키게 됩니다. 이 상황에서 사측의 무대응이나 오판이 발생하면, 을질을 부추기는 행태가 됩니다. 조직은 갈등이 생겼다고 양쪽을 무조건 타이르는 것이 아니라, 사실관계를 명확히 하고 책임을 가려야 합니다.

이번 사례처럼 '후임 하나 다루지 못했다'는 이유로 선임에게 책임을 돌리는 사측의 태도는 가해자에게 잘못된 신호를 주며 을질을 조장합니다. 을질 가해자는 직급, 나이, 성별, 감정노동 등을 무기로 상황을 뒤엎을 수 있기에 조직은 더욱 세심히 대응해야 합니다. 부적절한 대응이 반복되면 조직 내 신뢰 기반은 무너지게 되며, 선임과 후임 간의 건전한 업무 관계도 위축될 수밖에 없습니다.

4. 평사원 가해자의 증가와 책임 의식 부재가 주는 시사점

직장 내 괴롭힘은 위에서 아래로 내려가는 형태(downward)가 많지만, 아래에서 위로(upward), 옆으로(horizontal) 가는 형태도 존재합니다. 해외에서는 이를 일찍부터 주목했으며, 독일은 위에서 아래로 가는 괴롭힘을 bossing, 아래에서 위로 가는 괴롭힘을 staffing, 동일 직급자 간 괴롭힘을 mobbing이라 구분했습니다.

우리나라에서는 여전히 '갑질' 프레임으로 직장 내 괴롭힘을 다루고 있지만, 실제 현장에서는 '을질' 역시 무시할 수 없는 문제로 떠오르고 있습니다. 을질은 무시, 소문, 무성의한 협업, 책임 전가, 장난으로 포장된 모욕 등 간접적인 형태로 주로 나타납니다. 피해자는 가해자보다 직급이 높다는 이유 하나로 "왜 그거 하나 처리 못 하냐"라는 이중의 책임 프레임에 갇히기 쉽습니다.

사례들을 보면 공통된 특징이 있습니다.

첫째, 정서적 가해입니다. 반복적 무시, 침묵, 식사 자리 배제 등은 상급자에게 "나는 당신을 상사로 인정하지 않는다. 회사도 당신을 지켜주지 않을 것이다"라는 메시지를 보냅니다.

둘째, 책임 전가입니다. 을질 가해자는 자신의 태만이나 부정적 언행을 지적받으면 도리어 '괴롭힘을 당했다'며 역신고를 하거나 문제를 왜곡해 피해자를 조직에서 몰아내기도 합니다. 이런 신고가 반복되면 조직 전체 신뢰 기반을 무너뜨릴 수도 있습니다. 한 명의 병폐가 갈등에 미온적인 조직문화와 결합해 "이 정도는 괜찮다", "문제 제기해도 소용없다"라는 체념을 낳고, 결국 조직 전체를 병들게 합니다.

을질은 더 이상 희귀한 사례가 아닙니다. 법과 제도가 '갑질'만 전제할 때 그 틈을 악용하는 이들이 생깁니다. 조직은 위계가 아닌 '행위 중심'으로 괴롭힘 여부를 판단할 체계와 기준을 마련해야 합니다. 특히 중간 관리자나 선임도 을질의 피해자가 될 수 있다는 현실을 고려해, 이들이 신뢰하고 도움을 요청할 수 있는 시스템을 갖춰야 합니다. 성희롱, 정보 비공유, 무시, 부정적 언행, 허위신고 등 평사원이 저지를 수 있는 을질 유형에 대한 교육과 예방도 강화해야 합니다. 을질은 갑질보다 은밀할 수 있지만, 그 피해는 결코 작지 않습니다. 을질과 갑질 모두를 막기 위해, 정교한 감수성과 건강한 조직문화를 달성하고자 하는 노력이 필요합니다.

IV

2차 가해자의 착각:
내가 괴롭힌 것도 아닌데

2차 가해는 특히 가해자 본인이 문제의식을 느끼지 못하는 가해행위에 포함됩니다. 2차 가해라는 용어는 이미 잘 알려져 있습니다. 하지만 직장 내 괴롭힘 신고 이후, 2차 가해가 어떻게 발생하고 방치되는지에 대해서는 여전히 무관심하거나 대응이 미흡한 실정입니다. 괴롭힘 신고가 접수되면 사측은 보통 1차 가해자에게만 조치를 취하는 데 그칩니다. 그나마 1차 가해자의 2차 가해에 대해서는 미흡한 조치나마 할 때도 있지만, 제3자의 2차 가해는 대개 묻히고 맙니다. 이런 태도는 회사가 피해자 보호 의무를 방기하면서 책임을 회피하는 것이기도 합니다. 이런 조직문화 속에서 피해자는 방관과 침묵 앞에 더욱 고립될 수밖에 없습니다. 본 장에서는 2차 가해의 다양한 정의와 일반 직장인이 2차 가해를 판단하는 방식을 먼저 살펴본 뒤에 관련 사례로 넘어가도록 하겠습니다.

1. 2차 가해의 개념 이해하기

  직장 내 괴롭힘과 관련된 사항을 다룰 때는 개념과 성립 기준을 명확히 규정하는 것이 매우 중요합니다. 우리는 이미 괴롭힘의 상식이 흐트러져 '기분 상해죄'로까지 가는 상황을 경험했습니다. 2차 가해에서도 마찬가지의 일이 발생하고 있습니다.
  한 예로, 저 역시 연구자로서 연구조사 중 "2차 가해자"라고 불린 적이 있습니다. 면담자 섭외를 위해 온라인에 공고 글을 올렸는데, 누군가가 2차 가해라는 단어 자체가 트라우마를 자극했다며 제 행동이 2차 가해라고 주장한 것입니다. 이 논리를 따른다면, 직장 내 괴롭힘이나 성희롱 연구자들 모두 2차 가해자가 될 수밖에 없습니다. 관련 예방 교육조차 2차 가해가 됩니다. 언론에서도 관련 사건을 다루기 어려워집니다.

이처럼 주관적 기준만으로 판단하는 것은 사회적으로 위험한 결과를 낳습니다. 제도와 정의가 신뢰를 얻기 위해서는 공적 감수성과 합리적 기준이 함께 작동해야 합니다.

1) 2차 가해의 개념과 범위

2차 가해의 개념에 대해서는 아직 명확한 학문적 합의가 부족합니다. 여러 정의를 바탕으로 이번 장에서 핵심 요소를 찾아보도록 하겠습니다. 우선, Williams(1984)는 2차 가해를 "피해자에 대한 부정적이고 비판적인 태도와 행동으로부터 발생하는 특정 가해행위의 지속적이고 복합적인 결과, 피해자에게 대한 정신적 지지의 부족 및 비난, 피해자의 고립 등을 유발하는 것"으로 정의했습니다.[26] 이 정의에서는 2차 가해를 구성하는 세 가지 핵심 요소를 확인할 수 있습니다.

- 1차 가해 이후 발생한 2차적인 피해
- 피해자에 대한 부정적이고 비판적인 태도 또는 행동
- 피해자의 고립감, 정서적 지지의 결핍, 비난을 유발하는 과정

---

[26] Williams, J. E. (1984). Secondary victimization: Confronting public attitudes about rape. Victimology, 9(1), pp. 66-81

European Institute for Gender Equality(EIGE)는 "1차 가해의 직접적인 피해가 아닌, 피해자를 대하는 조직과 개인의 부적절한 태도와 언행으로 인해 피해자가 추가적으로 겪는 피해"라고 정의했습니다.[27] EIGE는 조직 시스템의 운영 방식이나 절차상 문제로 인해 발생할 수 있는 2차 피해에 주목하며, 피해자와 가해자를 반복적으로 대면하게 하는 것, 같은 내용을 여러 차례 반복해 묻는 것, 부적절하거나 몰이해적인 단어 선택을 2차 가해의 예시로 제시했습니다. 이 정의에서도 다음과 같은 주요 요소들을 도출할 수 있습니다.

- 1차 가해 이후 발생
- 개인 혹은 조직 차원의 부적절한 태도와 언행
- 피해자에게 추가적인 정서적 고통을 유발하는 결과

세 번째로 소개할 정의는 Orth(2002)가 발표한 미국 법무부 소속의 연구 논문에 담긴 것으로, "(1차) 가해행위의 결과로 발생하며, 피해자의 권리와 자격을 추가로 침해하는 부정적인 사회적 반응"입니다.[28] 이 정의는 특히 제도나 사회구조 안에서 발생하는 권리 침해성 2차 가해를 부각시킨다는 점에서 다른 정의들과 상호보완적인 시사점을 제공합니다. 이 정의에서는 다음과 같은 핵심 요소를 확인할 수 있습니다.

- 1차 가해의 결과로 발생
- 피해자에게 불리하거나 부당한 사회적 반응
- 피해자의 권리와 자격을 침해

---

27) EIGE(n.d). Secondary Victimisation. From
https://eige.europa.eu/thesaurus/terms/1358 (검색일: 2023. 3. 20.)
28) Orth, U. (2002). Secondary Victimization of Crime Victims by Criminal Proceedings. Social Justice Research, 15:4, pp. 313-325.

마지막으로 살펴볼 정의는 피해자를 지원하는 복지사의 태도에서 출발한 2차 가해 개념으로 "피해 경험 이후 복지사의 지원을 받는 피해자에게 책임을 전가하거나 부족한 민감성을 드러내어 트라우마를 자극하는 행동과 태도"입니다(Campbell & Raja, 1999).[29] 본 정의는 피해자 지원을 목적으로 다가간 사람조차도 2차 가해자가 될 수 있다는 점은 보여줍니다. 이 정의에서 확인할 수 있는 요소는 다음과 같습니다.

- 피해 이후의 상황
- 피해 사실을 인지하고 있는 사람(복지사)의 부적절한 대응
- 책임 전가 또는 피해자의 트라우마 재자극

위의 정의에서 공통적으로 드러나는 요소는 **2차 가해자가 특정 피해자를 인지하고 있는 상황에서 가해**한 것이라는 점입니다. 다만 여기서 예외적인 상황을 생각해 볼 수는 있습니다. 특정 피해자의 존재는 모르지만, 피해자 전반에 대해 노골적으로 모욕적인 발언을 한 경우입니다. 개인적인 의견이지만, 이런 발언은 특정 개인을 겨냥하지 않았다 하더라도 2차 가해가 될 수 있다고 생각합니다. 노골적으로 피해자 전체를 폄훼하거나 책임을 전가하는 발언이기 때문입니다. 이런 사고방식을 가진 사람이라면 주변에서 실제 1차 피해자를 인지했을 때, 2차 가해자로 변할 가능성도 높습니다. 따라서 본 책에서는 이러한 발언도 2차 가해 범주에 포함하고자 합니다.

이를 바탕으로 2차 가해를 "특정 피해자가 겪은 피해 사실을 인지하

---

29) Campbell, R. & Raja, S. (1999). Secondary Victimization of Rape Victims: Insights from Mental Health Professionals Who Treat Survivors of Violence. Violence and Victims, 14:3. From https://mainweb-v.musc.edu/vawprevention/research/victimrape.shtml (검색일: 2023. 3. 20.)

고 있는 상황에서 피해자에게 괴로움을 주거나, 피해자의 권리와 자격을 침해하는 언행 또는 특정 피해자를 인지하지는 못하나 피해자 전반에 대해 노골적으로 모욕적인 언행을 한 경우"로 정의해 볼 수 있습니다.

다음은 2차 가해의 범위입니다. 이 역시 아직 어디까지 둬야 할지 합의된 바가 없습니다. 너무 넓게 잡으면 자칫 연구자나 언론인도 연구와 보도 자체를 할 수 없게 될 것입니다. 사회적으로 문제를 제기하고 인식 개선을 위한 공감대를 형성할 기회가 사라지는 것입니다.

물론 연구자나 언론인이 공적 목적을 위해 활동하더라도, 피해자 의사에 반해 면담을 강요하거나, 피해자의 신원을 보호하지 않은 채로 연구와 보도 활동을 한다면 2차 가해가 될 수 있습니다. 이런 상황을 포함하여 설정해 본 2차 가해의 범위는 다음과 같습니다.

- 특정 피해자의 존재를 인지한 상태에서, 피해자에게 고통을 주는 직·간접적 언행
- 하지 않아야 할 언행을 한 경우
- 해야 할 언행을 하지 않은 경우
- 특정 피해자를 인지하지 못했더라도, 피해자 전체를 향한 노골적인 비하, 책임 전가, 편견 어린 발언
- 연구자·언론인이 직업윤리를 위반해 피해자에게 불편과 고통을 유발한 경우
- 반복 질의, 면담 중단 거부, 신원 보호 미흡 등
- 성직자·상담자 등이 피해 사실을 알고도 피해자 심리를 배려하지 않고 상처 주는 경우
- 다만, 위 사례 중 2차 피해를 호소하는 피해자와 같은 특성을 가진 집단이 상식적으로 2차 가해로 인식하는 경우

이 정의는 이론적 기준, 실제 피해자 경험, 직장인의 상식적 판단이 교차하는 지점에서 도출된 것입니다. 이번 장에서는 이 기준을 토대로 2차 가해의 구체적 사례들을 살펴볼 것입니다.

2) 2차 가해의 유형

2차 가해행위 사례를 살펴보면 우선 능동적 행위와 수동적 행위로 분류할 수 있습니다.

- 능동적 2차 가해: 하지 말아야 할 언행을 하여 피해자에게 고통을 주는 경우(예: 피해자에 대한 소문 유포, 공개적인 비난, 인격·외모·사생활 언급, 신고 사실 조롱 등)
- 수동적 2차 가해: 해야 할 조치를 하지 않아 피해자에게 고통을 주는 경우(예: 신고 후에도 아무 조치를 하지 않는 경영진, 가해자 보호를 위한 묵인, 조직 평판 유지를 위한 침묵 등)

능동적 행위와 수동적 행위는 다시 각각 노골적 2차 가해와 내포적 2차 가해로 나눠볼 수 있습니다. 노골적 2차 가해는 가시성이 있어 '비교적' 피해자 입장에서 문제를 제기하기 쉬운 행위입니다. 다만 그야말로 '비교적'일 뿐이긴 합니다. 내포적 2차 가해는 한층 더 문제제기를 하기 어렵습니다. 관점에 따라 피해자나 조직을 위한 언행처럼 여겨질 수 있거나, 형언하기 어려운 경우가 많기 때문입니다.

다음 표는 스스로 2차 피해자라고 인식한 이들이 경험한 구체적인 상황을 바탕으로, 직장인 12인에게 사례의 타당성과 상식성에 대한 검토를 의뢰하여 정제한 결과입니다.

<표 IV-1> 2차 가해의 유형 및 예시

구분		능동적	수동적
노골적	가해자	· 허위신고 주장 · 명예훼손/무고 신고 및 신고 위협 · 조사과정 중 거짓 증언 및 증거 제출 · 목격자에게 거짓 증언 지시 · 피해자에 대한 부정적인 언행·입소문 전파 · (가해자 본인 또는 친한 사람의) 신고한 피해자에 대한 보복성 질책, 업무상황 감시, 업무 몰아주기, 업무 배제, 협박, 폭언, 폭행 등	-
	사측	· 가해자를 두둔하는 언행 및 보호행위 · 신고 무마 · 사건 발생의 원인을 피해자에게 전가 · 피해자에게 가해자에게 피해 될 행동을 하지 말라고 요구 · 귀책 사유가 있거나 전문성 없는 조사관 지정 및 피해자의 배제요청 거절 · 증거 및 증언 조작 · 조회/회식 자리에서 피해자 비난 · 부적절한 분리조치(피해자 이동) · 피해자 및 조력자에 대한 인사상 불이익(근평, 승진, 고용계약 등) · 피해자와 마주칠 때 노려보거나 인사를 받지 않는 행위 등 · 가해자를 피해자의 승진/계약연장을 결정하는 인사위원회에 임명 및 피해자의 배제요청 거절	· 접수된 신고 방치 및 비조치 · 신고한 피해자가 누릴 수 있는 권리 미전달 · 피해자에게 진행과정에 대한 정보 미전달 · 조사관의 부적절한 조사행위 및 언행 방치 · 분리조치 미실행 · 사건 이후 피해자에게 제공해야 할 지원사항(상담서비스 등) 미전달 · 피해자에 대한 부정적인 소문 방치
	조사관	· 부적절한 조사행위(취조, 반복조사, 기록 없는 조사) · 피해자에게 사건 발생의 책임 전가 · 피해자의 응답과 다른 내용으로 조사기록 작성(피해자에게 불리하거나, 가해자에게 우호적인 방식)	· 피해자에게 조사기록 미공유 · 조사 관련 피해자 질문에 미응답 및 무시하는 응답
	노조	· (가해자와 노조 간부가 친분 있을 때) 허위신고 주장 · 비노조원 피해자에 대한 비하 발언	· (피해자가 사측에 신고하지 않았다는 이유로) 피해자 상담 접수 후 비조치

노골적	개별 근로자	· 가해자를 두둔하는 언행 및 증언 · 피해자에 대한 부정적인 입소문 · 피해자를 고립시키는 따돌림 · 피해자에게 사건에 대한 책임 전가 · 신고하려는 피해자의 신고 제지 및 방해 · 신고할 의향이 없는 피해자에게 신고 독촉 · 신고한 피해자에 대한 직·간접적 비난, 폭언, 협박, 폭행 · 본인이 피해자보다 더 힘든 일을 겪었다며 피해자의 고통을 가볍게 여기는 언행 · 피해자의 고통을 남의 일로만 여기는 언행	· (피해자에게 신고하라고 부추긴 뒤) 목격자로서 증언은 기피 · (위원회 임명 시) 공정한 의사결정 의무를 위반, 사측이 원하는 쪽에 투표
내포적	사측	· 피해자의 피해 호소를 의심하거나, 피해를 축소하는 언행 · 사측/가해자에게 호의적인 위원회 및 공정성을 보장할 수 없는 위원회 구성 · 피해자의 신고를 조롱하는 발언	-
	조사관	· 민감한 상태인 피해자를 배려하지 않는 질문방식 · 회사의 입장을 내세우며 피해자 회유 시도 · 피해자에게 과하게 민감하게 반응한 것이 아니냐는 언행	· 조사 이후의 상황에 대한 피해자의 질문에 본인도 모른다고 응답(담당자로서 관련 절차 숙지의무 방기)
	노조	· 노조원 피해자와 비노조원 피해자의 사건에 대한 차별적 태도 · (사측 간부와 노측 간부가 친분 있는 상황) 사측이 부당조치를 하고 있다고 호소하는 피해자 회유 · 피해자의 신고를 문제 해결 및 피해자 보호가 아닌 노사 교섭수단으로 이용	· 피해자 보호 역할 방기 · 피해자에 대한 사측의 부당조치 방치
	개별 근로자	· 피해자에게 피해자다운 이미지 요구 · 피해자에게 피해자의 신고로 인해 다른 직원들이 힘들어하고 있다는 발언 · 피해자를 위로하는 척하며 사건정황을 캐내려는 언행 · 가해자를 용서하려는 피해자에 대한 암묵적 비난 및 계속 미워하라는 강요적 언행 · 신고에 대해 양쪽 말을 다 들어봐야 한다는 공개적인 발언(사실상 피해자의 피해호소를 의심하는 언행) · 피해자를 위한다는 명목으로 피해자가 원하지 않는 일을 벌이는 행위(예: 피해자의 생각과 무관하거나 피해자가 동의하지 않은 탄원서·대자보 등)	· 피해자가 또 다른 피해가 예상되는 상황을 피하려 하는 것을 이해해주지 않는 언행
	상담사·성직자	· 가해자를 용서하라는 압박 · 사건 피해를 빨리 극복하라는 압박	-

* 빈칸은 수집된 데이터에서 사례를 찾아볼 수 없었던 경우. 관련 행위가 존재하지 않는다는 의미는 아님.

여기서 직장인들이 2차 가해를 인식하는 공통된 기준이 비교적 뚜렷하게 드러났습니다. 직장인들도 대체로 ① 가해자가 특정 피해자가 누구인지 알고 있으며, ② 직접 그 피해자를 대상으로 행위를 하고, ③ 그 행위가 피해자에게 괴로움을 준다고 상식적으로 판단되는 경우, 그것을 2차 가해로 인식했습니다. 또한 피해자를 위한다는 착각에서 비롯된 새로운 유형의 2차 가해도 확인할 수 있었습니다.

- 피해자를 돕겠다는 착각에서 시작되는 의도치 않은 2차 가해
- 신고를 원치 않는 피해자에게 반복적으로 신고를 독촉하는 행위
- 피해자 동의 없이 작성되는 탄원서나 대자보

이 결과는 단순히 모욕이나 무시뿐 아니라 피해자의 의사를 무시하고 자기중심적으로 '도움을 준다'고 착각하는 언행도 2차 가해가 될 수 있다는 점을 보여줍니다.

2. 주체별 2차 가해

2차 가해는 개인 차원에서도, 조직 차원에서도 발생할 수 있으며, 피해자의 회복과 존엄성을 심각하게 훼손하는 결과를 낳습니다. 가해자의 2차 가해는 바로 확인이 가능하므로, 여기서는 주변인과 조직의 2차 가해에 대해서만 살펴보도록 하겠습니다.

1) 경영진과 관리자의 2차 가해: 조직의 침묵과 방조

경영진과 관리자의 2차 가해는 개인적 차원을 넘어 심각한 인사상 불이익, 고립, 퇴사 압박 등으로 이어져 피해자에게 실질적 피해를 줍니다. 조직이 보이는 태도는 문화 수준을 그대로 드러내며, 무관심이나

사건 축소, 방관적 태도는 피해자에게 큰 상처를 남깁니다. 조직은 피해자 중심의 관점을 조직 전반에 확산하고, 예방·대응·회복 모든 단계에서 2차 가해를 막아야 합니다. 관리자의 태도 하나가 큰 영향을 미칠 수 있습니다.

〈표 IV-2〉 경영자와 관리자의 2차 가해

유형	설명	관련 예시
신고 무마	표면적으로 중재의 제스처, 실상은 신고하지 말라는 압박이자, 피해자에게 손해를 감수하라는 요구	"우리 쉽게 쉽게 가자." "내가 (가해자한테) 잘 얘기할게. 여기서 끝내자." "내년이면 정규직도 되어야 하잖아요. 굳이 이걸로 문제 만들 필요는 없잖아?"
가해자 두둔	가해자에게는 또 해도 괜찮다는 신호, 피해자에게는 "당신 말을 믿지 않는다"라는 신호	"그 사람 원래 말이 좀 거칠긴 한데 나쁜 사람은 아니야." "(가해자가) 정이 많아서 그래." "그 사람이 그럴 사람이 아닌데." "오해가 있었던 거 같은데."
부적절 조사관· 위원회 구성	형식적으로 절차만 따를 뿐 공정성과 객관성을 훼손, 사측이 원하는 방향대로 판정이 나오도록 유도	– 가해자와 오래 함께 근무한 직원 – 피해자에게 불이익을 준 전력이 있는 직원 – 고충처리 교육을 받지 않은 직원 – 사업주의 의견에 휘둘리는 직원 – 가해자와 지연/학연인 외부 위원 등
가해자 보호	피해자 보호 의무를 저버리고 가해자를 보호하거나 분리조치조차 부적절하게 이행	"부서장인데 어떡하겠어." "너 그렇게 퇴사하면 (가해자한테) 피해 간다." "신고 들어갔으니까 일단 와서 얘기 좀 하자."(가해자에게 먼저 정보 공유)
부적절 조사	무성의한 조사관의 태도, 동일 질문 반복, 조사 기록 누락, 조사 없는 조사 보고서	"전에 한 얘긴 전에 거고, 다시 말해주세요." "좀 쉽게 쉽게 가자. 그냥 여기(조작된 보고서 하단) 서명만 하면 되잖아."
피해자 보호 의무 방기	조직 내 질서/안정성 유지를 빙자하여 피해자를 입을 막거나, 피해자가 위협을 느끼는 상황 방치/유발	– 피해자가 누릴 수 있는 권리 미전달 – 가해자와 피해자가 대면해야 하는 상황 방치 및 유발(조사 중 양쪽 대면) – 피해자 부서 이동 요청 무시 – 2차 가해 방치 – 피해자에게 인사상 불이익

유형	설명	관련 예시
인사상 불이익	가장 심각한 형태의 2차 가해로 사용자의 형사처벌까지 가능한 행위. 승진 탈락, 불리한 부서 배치, 근무평가 하향 조정 등	- 피해자에게 최하 근평 점수 부여 - 피해자가 희망하지 않은 부서로의 전출 - 피해자의 퇴사 유도 - 피해자의 승진을 결정하는 위원회에 가해자 또는 가해자와 친분 있는 상급자가 참여

2) 노조의 2차 가해: 보호자에서 가해자로

노조는 근로자의 권리를 대변하고 보호해야 할 위치에 있습니다. 피해자가 신뢰하고 의지할 수 있는 최후의 방어선 중 하나입니다. 그런 노조가 오히려 피해자에게 등을 돌리고, 보호의 책임을 저버릴 때, 피해자는 최후의 보루가 무너지는 듯한 기분을 느끼게 됩니다.

〈표 IV-3〉 노조 측의 2차 가해

유형	설명	관련 예시
신고 무시·악용	노조원 보호 의무를 방기하거나, 노조원의 고통을 노사협상을 위한 수단으로 이용	"이건 (고충)위원회로 안 들어간 거라서 공식 처리가 안 돼요." "기다려 봐요. 우리도 생각이 다 있으니까."
헛소문 전파	노조 임원과 갈등 상황이었던 피해자의 인격이나 사건의 진위에 의문을 제기하는 헛소문 전파	"그 사람이 원래 좀 민감하잖아요." "말이 좀 와전된 것 같더라고요." "50 먹은 여자가 그까짓 걸 가지고."
가해자에게 동조	노조 간부가 평소 가해자와 친분이 있거나, 가해자가 조합원으로서 영향력이 클 때 주로 발생	"그 사람 평소에 그런 행동할 사람이 아니에요." "(가해자도) 조합원인데 너무 몰아세우면 안 되죠."
노조 보신 우선	노조 운영의 불편함이나 외부 비판 가능성을 우려해 피해자의 목소리를 외면	"이 일로 괜히 노조 이미지 안 좋아지면 곤란해요." "우리도 처리할 게 많아서 이건 길게 못 끌어요."
피해자 비난	도움을 요청한 피해자에게 책임을 전가하거나, 문제 있는 사람처럼 대하는 태도	"왜 그렇게 감정적으로 굴어요?" "좀 현명하게 대처 못 하나?" "노조는 당신 엄마가 아니에요."

사측의 부적절한 조치 방치	노조 임원에게 사욕이 앞서거나, 사측 간부와 친분이 있을 때, 피해자와 갈등 상황일 때 주로 발생	- 불공정한 조사관/위원회 임명 방치 - 피해자가 이의를 제기해 달라고 해도 사측 담당자가 공정하게 처리해 줄 거라며 방치 - 가해자의 공공연한 2차 가해를 사측이 방관해도 이의 제기 없이 방치

3) 제3자의 2차 가해: 방관과 착각이 만든 또 하나의 가해

직장 내 괴롭힘 사건에서 목격자, 주변 제3자, 심지어 피해자의 회복을 돕는 상담사나 성직자까지도 2차 가해자가 되는 경우가 적지 않습니다. 목격자는 사건을 직접 본 사람으로서 누구보다도 피해자의 고통을 증언하고 보호할 수 있는 중요한 존재입니다. 그러나 방관하거나 침묵하거나 책임을 회피하면, 그 자체가 피해자를 고립시킵니다. "나는 중간에 끼고 싶지 않다"라는 무책임한 태도는 피해자에게 "너 혼자 견뎌야 한다"라는 메시지를 전합니다.

사건을 직접 목격하지 않은 제3자가 피해자를 의심하거나 헛소문을 유포하거나, 들은 이야기를 사실처럼 전하는 가십 전달자가 될 수도 있습니다. 또한 피해자가 공감을 기대하고 찾아간 상담사와 성직자조차도 "그만 내려놔야지", "용서해야 편해진다"라는 말로 회복을 강요하며 2차 가해자가 되기도 합니다.

⟨표 IV-4⟩ 제3자의 2차 가해

유형	설명	관련 예시
피해자 책임 전가	능동적 2차 가해에서 가장 흔한 유형, 성희롱이나 성범죄 사건에서 두드러지는 편	"왜 진작 싫다고 안 했어?" "그렇게 입고 다니니까 그렇지." "거길 왜 갔어?" "(가해자가) 왜 당신한테만 그랬겠어?"
피해자에 대한 편견 전파	특정 피해자에게 낙인을 찍거나, 피해자 전반에 대한 편견 표현, 가해자 중심의 시각을 바탕으로 피해자를 왜곡되게 인식하고 판단하는 태도에서 비롯	"눈웃음 살살 치고 다니더니." "평소에 행실이 좀 그랬잖아." "당할 만한 사람이 당하는 거야." "성격에 문제가 있으니까 그렇지."
피해자의 고통 경시	피해자가 겪은 괴롭힘이나 그로 인한 고통을 과소평가하고 대수롭지 않게 여기는 말과 행동, 공감능력 부족 또는 괴롭힘의 심각성을 잘 인식하지 못하는 사람에게서 발생	"그 정도는 사회생활 하다 보면 겪을 수도 있지." "요즘 사람들은 왜 이렇게 유난이야?" "나 때는 더 심했어도 다 참고 살았어."
피해자에 대한 공감능력 부재	피해자가 겪은 고통과 괴롭힘에 대해 무관심하거나, 자신과 관련 없다는 식으로 선을 긋는 태도. '괜히 관여했다가 불이익이라도 생기면 어쩌나' 하는 회피심리에서 비롯되기도 함.	"뭐 좋은 일이라고 자꾸 얘기해?" "언제까지 징징거릴 거야?" "일이나 해. 그 얘기 이제 그만 좀 해."
사건의 가십화	피해자의 경험을 흥미로운 이야기나 소문거리로 취급. 피해자를 걱정하는 척하면서 사생활을 침해하고 조직 내 고립 유발	"○○가 그런 일을 당했다더라, 알았어?" "이런 건 우리끼리는 알아야 하는 거 아니야?"
가해자에게 동조/ 가해자 행위 정당화	피해자의 고통을 부정하고 희석시키며, 1차 가해자에게 '자신의 행동이 정당했다'는 왜곡된 확신을 갖게 함. - 조직적 편의: 가해자가 권력자라 구성원들이 조직 분위기를 고려해 '문제없었다'는 쪽에 힘을 실어주는 경우 - 가해자에 대한 호의: 친분으로 가해자의 편을 드는 경우 - 강약약강 태도: 피해자보다 가해자가 더 강한 존재로 인식될 때, 상대적으로 만만한 피해자를 탓하며 입을 막으려는 심리	"그 사람이 왜 그런 짓을 했겠어, 다 이유가 있겠지." "그 사람은 원래 그런 성격이니까 이해해." "원래 말이 좀 거칠긴 해도, 사람은 괜찮아." "그 사람이 그런 사람 아니야. 오해한 거야."

유형	설명	관련 예시
이상적인 피해자 이미지 강요	피해자라면 이래야 한다는 고정관념을 바탕으로 피해자가 그 이미지에서 벗어난 모습을 보이면 "정말 피해자가 맞는가?"라는 식으로 의심하거나 평가	"그렇게 웃고 다니는 거 보니까 별일 아니었나 봐?" "잘 지내는 거 같은데? 진짜 당한 거 맞아?" "그 사람 앞에서 말도 하고 잘만 지내던데?"
피해자 일상복귀 방해	피해자의 회복을 방해하고, 다시 웃거나 생기 있게 행동하는 것을 비난하며, 피해자에게 '계속 고통스러운 상태'로 머무를 것을 유도	피해자가 "모든 남성이 나쁘다고 생각하진 않는다"라고 발언하자: "한 번 더 당해봐야 알지?" "너 같은 애 때문에 다른 피해자가 예민하다고 욕먹는 거야."
피해자 신고 제지	피해자를 걱정하는 척하지만, 실제로는 조직의 평판이나 내부 분위기, 본인의 피로감 등을 이유로 피해자의 행동을 제약. 피해자와 가까운 사람에게서 발생하며, 피해자가 자신의 판단을 의심하게 만들거나 배신감을 느끼게 함.	"그냥 조용히 넘어가는 게 낫지 않겠어?" "신고해 봤자 소용없어." "지금이야 사람들이 동정해 주지만, 나중엔 넌 욕만 먹어." "그냥 참아. 사회생활이란 게 다 그런 거야."
피해자에게 신고 강요	그릇된 정의감이나 1차 가해자에 대한 개인적 반감을 바탕으로 피해자에게 신고 강요. 신고하지 않으면 나쁜 사람이라는 죄책감을 피해자에게 안기고, 1차 가해자에 대한 보복 감정으로 피해자의 고통을 도구화하는 행위	"신고해야 다음에 또 이런 일 없지." "왜 신고를 안 해? 당하고도 가만히 있으면 뭐가 달라지는데?" "신고 왜 안 하겠다는 건지 이해가 안 가네. 당한 척하면서 너도 즐겼냐?"
표면적인 중립	자신을 공정한 관찰자라고 착각하지만, 사실상 '균형'이라는 명목으로 피해자에게 가해자와 같은 수준의 책임을 묻는 행위 피해자를 일방적인 주장을 하는 사람으로 만들어 조직 내에서 신뢰를 잃고 고립되게 만드는 행위	"양쪽 말은 다 들어봐야죠." "그럴 만한 사정이 있었겠지." "한쪽 얘기만 듣고 판단하긴 어렵지 않겠어요?" "사람마다 느끼는 게 다르니까, 그걸 무조건 괴롭힘이라고 하긴 어렵죠."
가해자 용서 강요	정서적 위안을 얻기 위해 도움을 요청한 피해자에게 고통을 인정받고 정당하게 분노할 기회를 박탈하는 행위 주로 성직자에게서 확인되는 언행	"예수님은 자기를 죽게 한 이들도 용서하셨습니다." "왼쪽 뺨을 맞으면 오른쪽 뺨을 내어주라고 하셨죠." "미움과 원망을 놓아야 할 때입니다." "용서해야 진정한 신앙인이 됩니다."
빠른 회복 강요	상담의 기본 원칙인 공감을 저버리고, 피해자에게 감정을 표출할 기회 박탈 상담자로서 소양을 갖추지 못한 사람이 상담사 자격만 갖고 활동하면서 발생하는 문제	"언제까지 이렇게 지낼 수는 없잖아요?" "이제는 극복하려는 노력이 필요해요." "이제 졸업할 때가 됐죠?" "그 일은 과거입니다. 지금의 자신에게 집중하세요."

3. 2차 가해의 사례들

우리가 앞에서 다양한 유형의 2차 가해를 확인했습니다. 구체적인 사람이나 상황보다 언행 중심으로 정리하다 보니, 왜 그런 언행이 피해자에게 큰 고통이 되는지 실감 나지 않을 수도 있습니다. 따라서 이번 장부터는 2차 가해가 실제로 어떻게 발생하고, 피해자에게 어떤 영향을 주는지를 좀 더 생생하게 들여다보고자 합니다. 이제부터 다룰 사례들은 단순히 '이런 일이 있었다'는 사실 전달에 그치지 않습니다. 피해자가 처했던 맥락, 주변의 반응, 그리고 이후의 정서적·심리적 변화까지 하나하나 짚어나가며 2차 가해의 본질을 함께 이해해 보고자 합니다. 그런 과정을 통해 우리 사회가 어떤 점을 고민해야 하는지, 또 어떤 시선과 태도가 필요한지를 함께 생각해 볼 수 있기를 바랍니다.

① **사측의 2차 가해**

사례 1) 꼭 일을 복잡하게 만들어야겠어?

"제가 신고한 게 문제가 아니라, 가해자가 한 게 문제잖아요. 그런데 왜 제가 손가락질을 받아야 하는 건지….''(피해자, 여성)

괴롭힘을 신고한 피해자를 나무라는 2차 가해자는 적지 않습니다. 신고한 사실 자체를 비난하며 일을 복잡하게 만들었다고 피해자 탓을 하기도 합니다. 괴롭힘은 애초에 가해자의 행위 때문에 발생하는 것이며, 가해자가 그런 행동을 하지 않았다면 신고할 일도 없었을 것입니다.

그러나 힘 있는 가해자에게 직접 문제를 제기하기 어렵기 때문에 비난의 화살이 피해자에게 향하게 됩니다. "네가 얌전히 참았으면 모두 편했을 텐데"라는 식의 논리는 목격자들의 조사 참여 부담이나 조직의 혼란을 피해자 탓으로 돌립니다.

A. 사례자: 피해자/목격자

B. 피해자: 여성, 30대, 일반 직원

C. 2차 가해자: 여성, 50대, 조직 내 간부급, 직장 내 괴롭힘 사건의 내부 조사관으로 임명됨

D. 발생한 사건과 배경

피해자는 장기간 이어진 갑질을 더 이상 견딜 수 없어, 직장 내 괴롭힘으로 정식 신고를 했습니다. 회사는 조사 절차에 착수하며 내부 조사관들을 임명했고, 피해자는 면담을 통해 자신이 겪은 일을 상세히 진술했습니다. 특히 가장 젊은 조사관이 꼼꼼히 질문과 답변을 기록하는 모습에 피해자는 공정한 조사를 기대하게 되었습니다.

그러나 조사가 마무리되던 시점, 조사관 중 한 명인 50대 간부급 여성이 피해자에게 이렇게 말했습니다. "꼭 그렇게 대처했어야겠어? 서로 좋게 좋게 해결할 수도 있었잖아. 꼭 일을 그렇게 복잡하게 만들어야 했냐고."

피해자는 과거에도 여러 차례 1차 가해자의 부당한 지시를 거부하고 문제를 알리려 했지만, 가해자는 이를 무시했었습니다. 결국 피해자에게 남은 선택은 신고뿐이었고, 이런 절박한 상황에서 조사관이 피해

자의 신고를 문제 삼은 것은 명백한 2차 가해이며, 피해자의 절박함을 공감하지 못한 태도였습니다.

E. 피해자 및 주변인에게 남겨진 영향

조사관의 한마디는 단순한 발언이 아니었습니다. 그 말로 인해 피해자는 회사의 공정성에 대해 불안함을 느끼게 됐고, 그 불안은 현실이 되었습니다. 1차 가해자는 아무런 징계를 받지 않았고, 피해자만이 조직을 떠나야 했습니다. 힘 있는 가해자에게는 누구도 책임을 묻지 못했고, 대신 문제를 밖으로 드러낸 피해자에게 비난이 쏟아졌습니다. 피해자는 괴롭힘으로 한 번, 그리고 조직의 무책임한 시선과 언행으로 또 한 번 깊은 상처를 입었습니다.

F. 시사점

위의 사례와 같은 2차 가해는 종종 힘 있는 사람을 향한 비판을 회피하려는 조직의 방어기제에서 비롯됩니다. 그리고 그 중심에는 '불편함을 유발한 사람'으로 피해자를 인식하는 시선이 있습니다. 하지만 피해자는 문제를 일으킨 사람이 아닙니다. 문제를 드러낸 사람일 뿐입니다.

이러한 사례는 조직 내 괴롭힘 신고 절차와 조사과정에서의 공정성, 조사관의 인식 교육, 그리고 2차 가해 예방을 위한 감수성 제고가 절실하다는 점을 다시금 일깨워 줍니다.

사례 2) 왜 당신한테만 그럴까?

"(2차 가해자가) 이해해 줄 줄 알았어요. 그런데 오히려 제가 문제라는 거죠. 제 행실에 문제가 있으니까 그런 거라고." (피해자, 여성)

성희롱 피해자에게 가장 흔히 가해지는 2차 가해는 "피해자에게도 원인이 있지 않냐"라는 책임 전가입니다. 이 사례에서도 피해자는 평소 성희롱에 단호했던 부서장을 믿고 신고했지만, 돌아온 반응은 예상 밖이었습니다. 가해자 중 한 명이 부서장이 아끼던 직원이었으며, 부서장은 피해자에게 문제가 있다는 식으로 몰아갔습니다.

A. 사례자: 피해자/목격자

B. 피해자: 여성, 20대, 일반 직원

C. 2차 가해자: 남성, 50대, 부서장

D. 발생한 사건과 배경

성희롱 사건에서는 피해자에게 잘못이 있다고 몰아가는 2차 가해가 자주 일어납니다. 피해자가 믿고 의지했던 부서장은 평소 "성희롱 피해가 있으면 꼭 알려 달라"라고 하던 사람이었습니다. 피해자는 그의 말을 믿고 자신이 겪은 성희롱과 권력형 갑질을 털어놨습니다. 그러나 가해자 중 한 명이 부서장과 친분이 있었고, 부서장의 태도는 돌변했습니다.

"그 사람들이 왜 당신한테만 그럴까?"

부서장은 피해자가 평소 잘 웃은 것이 오해를 살 만한 행동을 한 것 아니냐며, 피해자에게 문제가 있는 듯 몰아갔습니다. 평소 성희롱에 엄격했던 태도와는 전혀 다른 반응이었습니다.

더 큰 문제는 그 이후였습니다. 부서장은 피해자 신고를 공식적으로 처리하지 않고 묵살했으며, 가해자 편을 드는 듯한 태도를 보였습니다.

피해자는 자신이 문제 제기한 내용이 조직 내에서 제대로 다뤄지지 않을 거라는 불신을 갖게 되었습니다.

E. 피해자 및 주변인에게 남겨진 영향

피해자는 부서장을 믿고 신고했기에 그의 반응에 더욱 큰 배신감을 느꼈습니다. 겉으로는 애써 평정을 유지했지만, 마음속 신뢰는 완전히 무너졌습니다.

이후 부서장은 피해자에게 또 다른 모욕감을 주었습니다. 협력업체 고위 인사가 참석한 만찬 자리에서 피해자에게 상석 옆에 앉으라 지시하며, 피해자가 거절하자 노골적으로 눈치를 주었습니다. 자리에 앉은 후에도 "술 좀 따라드려야지"라고 하며, 피해자를 접대부처럼 대했습니다. 피해자는 도움을 요청했던 사람이 오히려 또 다른 가해자이자 방조자였다는 사실에 다시 한번 깊은 상처를 입었습니다.

F. 시사점

2차 가해는 단순한 무관심에서 비롯되지 않습니다. 이 사례처럼 겉으로 정의를 말하던 이들도 실제로는 가해자와의 관계, 조직 내 권력구조, 편견 때문에 피해자를 외면하거나 책임을 돌립니다.

"왜 당신한테만 그럴까?"

이 발언은 피해자를 의심하며, 괴롭힘의 원인을 피해자에게서 찾는 전형적인 2차 가해 표현입니다. 이런 언행은 피해자에게 침묵을 강요하고, 다른 피해자들조차 목소리를 내지 못하게 만듭니다.

관리자는 성희롱 문제를 개인의 문제가 아니라 구조적인 문제로 인식하고, 중립적이고 공정한 절차를 지켜야 합니다. 또한 피해자의 신고를 개인적 문제로 축소하지 말고 조직적으로 대응할 수 있는 감수성이 필요합니다. 이 사례는 '의식 있는 관리자'처럼 보이는 사람도 상황에 따라 얼마나 쉽게 피해자를 외면할 수 있는지를 보여주는 경고입니다.

사례 3) 잘 곳 없을까 봐 그런 거 아냐?

"성인지 교육 매년 하면 뭐 하나요? 오히려 가해자 편드는 말만 하는데."(피해자, 여성)

2차 가해는 반드시 악의적인 말이나 행동만을 의미하지는 않습니다. 장난스럽거나 무심코 던진 한마디도 피해자에게는 큰 상처가 될 수 있으며, 특히 신뢰하던 사람에게 들었을 때 그 충격은 더욱 큽니다. 이 사례에서도 피해자는 용기 내어 고통을 털어놨지만, 돌아온 반응은 피해 사실을 인정하지 않는 2차 가해였습니다.

A. 사례자: 피해자/목격자

B. 피해자: 여성, 연령 미공개, 일반직

C. 2차 가해자: 남성, 50대, 조직 내 고위 간부(사업주 바로 아래 직급)

D. 발생한 사건과 배경

피해자는 직속 부서장에게 지속적으로 성희롱을 당하고 있었습니다. 부서장은 사적인 농담으로 신체나 외모를 언급했고, 늦은 시간 야근 후 "우리 집에서 자고 갈래?"라는 발언까지 했습니다. 피해자는 이를 성적 의도가 담긴 명백히 불쾌한 제안으로 느꼈지만, 부서장이 인사평가에 영향을 줄 수 있는 위치였기에 곧장 문제를 제기하지 못했습니다.

결국 평소 직원들의 어려움을 잘 들어주던 2차 가해자에게 조심스레 상황을 털어놨습니다. 그러나 그의 반응은 실망스러웠습니다.

"늦은 시간이니까 잘 곳 없을까 봐 그런 말 했던 거 아니야?"

"오해한 거 아닐까?"

"평소 친하게 지내서 그런 걸 수도 있지."

E. 피해자 및 주변인에게 남겨진 영향

피해자는 믿었던 사람에게 부정당하면서 큰 상처를 받았습니다. "잘 곳이 없을까 봐 그랬을 것"이라는 해석은 그가 느낀 모욕감과 수치심을 무시하는 말이었습니다. 오히려 피해자가 문제를 과도하게 만든 것처럼 몰아가는 가스라이팅으로 다가왔고, 결국 피해자는 "누구에게도 말해봤자 달라질 게 없다"라는 생각에 이르게 되었습니다.

피해자는 성희롱을 계속 참다가 계약 종료와 함께 조용히 퇴사를 선택했습니다. 부서장이 계약 연장을 제안했지만, 피해자는 건강 문제를 핑계로 거절했습니다. 실제로 수면장애와 불안 증세를 겪고 있었고, 더는 조직에 남을 수 없는 상태였습니다. 이 사건은 피해자에게 조직 전체에 대한 깊은 불신을 남겼습니다.

F. 시사점

2차 가해는 "나쁜 의도는 없었다"라는 말로 종종 포장되지만, 피해자에게는 그 말이 본인의 고통이 무시당했다는 깊은 상처로 남습니다. 특히 성희롱 피해자는 이미 큰 용기를 내어 자신의 이야기를 털어놓는데,

"오해일 수 있다"라는 반응은 그 용기를 꺾고, 다시 침묵하게 만듭니다.

우리 사회는 더 이상 "그럴 의도가 아니었겠지"라는 말로 가해자의 책임을 덮어서는 안 됩니다. 2차 가해는 피해자의 고립과 퇴사로 이어질 수 있는 심각한 문제이며, 특히 고위직일수록 자신의 말이 어떤 영향을 미칠지를 깊이 성찰하고, 피해자의 말을 존중하는 태도가 절실합니다.

사례 4) 아주 당돌해? 이런 짓까지 벌이고

"그래, 나 당돌한 사람 맞다 하고 한 번이라도 맞서 봤으면 이렇게까지 내가 한심하게 느껴지진 않을 텐데."(피해자, 여성)

조직 내에서는 여전히 피해자보다 문제를 드러낸 피해자를 더 부정적으로 보는 시선이 존재합니다. 특히 연령대가 높고 권위적 문화에 익숙한 이들일수록, 신고한 피해자를 '당돌하다', '버릇없다'고 몰아가며 2차 가해를 일삼곤 합니다.

A. 사례자: 피해자/목격자

B. 피해자: 여성, 연령 미공개, 신입직원

C. 2차 가해자: 남성, 연령 미공개, 부서장

D. 발생한 사건과 배경

피해자는 입사 초기부터 1차 가해자에게 반복적으로 사적인 만남을

요구받았습니다. 1차 가해자는 피해자보다 20살가량 연상이었습니다. 피해자가 계속 거절하자, 1차 가해자는 돌연 태도를 바꿔 피해자가 자신을 농락했다는 식의 욕설 섞인 문자를 보내기 시작했습니다. 피해자가 번호를 차단하자 다른 계정으로 연락을 계속했습니다.

피해자는 더 이상 참을 수 없어 1차 가해자의 메시지를 증거로 수집해 정식 신고했습니다. 2차 가해자인 부서장은 처음엔 "힘들었겠다"라며 피해자를 위로했지만, 곧 말을 바꿔 "(1차 가해자도) 혼자 지내다가 처음 마음이 갔나 본데, 좀 지나쳤지만 이해해 줄 수 있지 않냐"라며 신고 취하를 권했습니다. 피해자는 단호히 거절하고 이 사실을 다시 사측에 알렸습니다.

그 후 2차 가해자는 사측으로부터 구두 경고를 받았고, 피해자를 다시 불러 말했습니다.

"조용히 해결해 주려고 했더니 아주 당돌해? 이런 짓까지 벌이고."

여기서 '이런 짓'이란 피해자가 사측에 회유 사실을 보고한 것을 의미했습니다. 이 발언은 피해자에게 큰 위협으로 다가왔습니다. 피해자는 다시 사측에 이 사실을 알렸고, 2차 가해자는 또 한 번 사용자로부터 주의를 받았습니다.

이후 피해자는 자신이 더 이상 부서에서 안전할 수 없다고 판단하고 자발적으로 부서 이동을 요청했고, 조직은 이를 받아들였습니다. 그러나 1차 가해자는 억지 사과만 했을 뿐, 징계 없이 업무에 복귀했습니다. 피해자는 부서 이동 뒤에도 두 가해자와 친한 다른 상사들로부터 업무 배제, 불리한 인사조치 등 보복성 대응에 시달렸고, 조직 내에서 낙인이 찍혔습니다.

E. 피해자 및 주변인에게 남겨진 영향

피해자는 처음부터 정식 절차를 통해 문제를 해결하려 했지만, 사측과 상급자들로부터 여러 차례 2차 가해를 겪었습니다. 1차 가해자와 물리적 거리만 분리됐을 뿐, 피해자는 조직 내 은근한 비난과 불리한 인사조치로 계속 심리적 고통을 겪었습니다. 그 결과 한동안 우울증과 불면증에 시달렸고, 직장 내 신뢰 형성에도 큰 어려움을 겪게 되었습니다.

F. 시사점

"당돌하다", "이런 짓까지 벌였냐" 같은 발언은 조직 내 권력을 가진 이들이 피해자를 제압하고 입막음을 시도할 때 흔히 쓰는 수단입니다. 의도적으로 피해자의 행동을 위축시키고 침묵을 강요하는 발언이기도 합니다.

이 사건은 피해자의 용기를 꺾는 언어와 태도가 조직문화 속에 얼마나 깊이 스며 있는지를 보여줍니다. 조직은 단순히 사과나 이동 조치에 그칠 것이 아니라, 피해자의 안전과 권리를 보장하고, 2차 가해를 막기 위한 철저한 교육과 감수성을 가져야 합니다.

사례 5) (가해자에게) 피해 가니까 하지 마

괴롭힘 사건에서 피해자가 아니라 가해자의 감정을 우선시하며, 피해자의 정당한 신고를 "가해자에게 피해를 주는 일"로 몰아가는 태도는 명백한 2차 가해입니다. 본 사례에서는 가해자의 괴롭힘 자체보다 이를 은폐하거나 축소하려 한 2차 가해자의 언행이 피해자에게 깊은 상처를 남겼습니다.

A. 사례자: 피해자/목격자

B. 피해자: 여성, 연령 미공개, 정규직 사원

C. 2차 가해자: 여성, 50대, 사용자 바로 아래 직급

D. 발생한 사건과 배경

피해자는 장기간 상사(1차 가해자)로부터 심각한 괴롭힘을 당했습니다. 1차 가해자는 자신의 업무를 피해자에게 전가하고, 업무를 의도적으로 방해해 결과에 대한 책임을 모두 떠넘겼습니다. 심지어 외부 고객이 참석한 회의 자리에서 본인의 실수를 피해자 탓으로 몰며 공개적으로 폭언을 퍼부었습니다. 괴롭힘이 반복되자 피해자는 사측에 정식 신고를 했지만, 회사는 아무 조사도 하지 않았고 보호 조치도 없었습니다. 그 와중에 등장한 2차 가해자는 피해자를 따로 불러 말했습니다.

"네가 신고를 해서 (1차 가해자가) 요즘 무척 곤란해하고 있다. 서로 오해가 있었던 것 같으니 좋게 풀어보자."

이 말은 피해자에게 '네가 문제를 일으켰다'는 의미로 들렸습니다. 피해자가 "노동청에 신고하겠다"라고 하자, 2차 가해자는 "그러면 진짜로 그 사람한테 피해가 간다"라며 신고를 만류했습니다. 이어서 "그럼 네가 원하는 조치는 뭐냐"라고 물었고, 피해자는 "분리조치"를 요구했습니다. 결국 피해자는 부서 이동을 하게 되었지만, 그 후 2차 가해자가 "회사 상대로 협박질도 하는 애야"라고 험담을 하고 다닌 사실을 듣게 되었습니다.

E. 피해자 및 주변인에게 남겨진 영향

피해자는 사측이 1차 가해자의 괴롭힘을 방치할 것이라 어느 정도 예상했지만, 2차 가해자만큼은 평소 "어려운 일 있으면 말하라"라고 했기 때문에 믿었었습니다. "가해자에게 피해가 가니 신고하지 말라"는 말은 피해자에게 깊은 배신감과 분노를 안겼습니다.

결국 피해자는 조직에서 더는 기대할 것이 없다고 느꼈고, 해당 분야에서 다시 일하지 않겠다는 각오로 퇴사를 결심했습니다. 퇴사 사유서에 1차·2차 가해 사실을 명시했습니다. 2차 가해자가 "너무 노골적이니 지워라"라고 강요했지만 거절했습니다.

F. 시사점

이 사례는 간부급 인물의 언행이 피해자에게 얼마나 큰 영향을 미칠 수 있는지를 잘 보여줍니다. 1차 가해가 발생했을 때 피해자 보호는 회사의 기본적 의무입니다. 그러나 현실에서는 "문제를 키우지 말라"거나 "(권력자인) 가해자에게 피해가 간다"라는 이유로 간부급의 2차 가해가 자주 일어납니다.

2차 가해자는 가해자의 감정과 평판을 더 중요시했고, 피해자의 고통은 무시했습니다. 이런 문화는 "신고할수록 더 손해다"라는 무력감을 피해자에게 심어 주며, 조직의 윤리성과 안전을 훼손합니다. 회사는 정당한 신고를 협박이나 문제행동으로 간주해서는 안 되며, 관리자는 중립이라는 명목으로 피해자에게 책임을 떠넘기는 2차 가해를 멈춰야 합니다. 직원 보호는 피해가 발생한 이후의 사후조치가 아니라, 처음부터 조직이 준비하고 실천해야 할 기본 시스템이라는 점을 잊지 말아야 합니다.

사례 6) 나 한 사람은 괜찮을 줄 알았어요

"어이가 없었죠. 양심 없이 투표했으면 입이라도 다물고 있던지. 이제 우린 같은 여자도 못 믿는 건가."(목격자, 여성)

직장 내 괴롭힘이나 성희롱 사건이 발생하면 조직은 사실관계를 조사하고 그 결과를 고충처리위원회를 통해 판단합니다. 그러나 이번 사례에서는 위원회가 오히려 사측 의도에 맞춰 조작되면서 피해자에게 더 큰 고통을 안겨 주었습니다. 양심을 저버린 표결, 권력자의 개입, 반복되는 재조사와 소진은 이 사건을 구조화된 2차 가해의 사례로 만들었습니다.

A. 사례자: 피해자/목격자, 다수, 30~40대, 여성 및 남성

B. 피해자: 여성, 연령대 미공개, 직급 미공개

C. 2차 가해자
2차 가해자 1: 여성, 40대, 고충처리위원회 위원
2차 가해자 2: 여성, 50대, 사용자 바로 아래 직급, 고충처리위원회 위원장

D. 발생한 사건과 배경
피해자는 1차 가해자로부터 성추행과 갑질을 당했고, 이를 회사에 정식 신고했습니다. 외부 변호사가 조사한 결과, 성희롱과 갑질로 충

분히 성립할 수 있다고 판단했습니다. 이 조사 내용을 사측 위원, 노측 위원, 변호사가 함께 검토했고, 이 중 사측 위원이 바로 첫 번째 2차 가해자였습니다. 그는 첫 검토에서는 충분히 사건이 성립할 수 있다는 데 동의했습니다.

문제는 고충처리위원회에서 터졌습니다. 위원회에서는 노측 위원으로 참석한 첫 번째 2차 가해자는 위원회 표결에서 돌연 불성립에 표를 던졌습니다. 그리고 스스로 죄책감을 느꼈는지 동료를 찾아서 이렇게 말했습니다.

"다른 위원들이 다 성립 쪽으로 표를 던질 줄 알았다. 나 한 사람은 괜찮을 줄 알았다."

그러나 그 표 하나 차이로 사건은 불성립 처리되었고, 피해자는 허위 신고 프레임에 갇히게 됐습니다. 첫 번째 2차 가해자는 이후 말을 바꿔서 본인이 판단한 대로 정직하게 표결을 했는데 왜 이상하게 말이 나갔는지 모르겠다고 주장했습니다.

첫 번째 2차 가해자가 표결을 번복한 배경에는 위원장인 두 번째 2차 가해자의 압력이 있었습니다. 두 번째 2차 가해자는 1차 가해자와 개인적 친분이 있었고, 위원회 구성부터 자신과 가까운 사람들로 꾸렸습니다. 외견상 공정해 보이는 위원회는 사실상 사측의 의도에 맞게 '설계된' 구조였습니다.

피해자는 위원회 결론에 반발해 재신고를 시도했고, 재조사 결과는 처음과 동일하게 성희롱과 갑질 성립으로 나왔습니다. 그러나 두 번째 2차 가해자는 다시 가해자를 보호하려 했고, 징계위원회는 "성희롱과 갑질은 성립하지만 후속 조치는 없다"라는 이해할 수 없는 결론을 내렸습니다.

그 직후 1차 가해자는 "본인은 무혐의였고, 피해자의 신고는 거짓이었다"라는 내용의 이메일을 회사 전 직원에게 발송했습니다. 피해자의 명예는 다시 한번 크게 훼손되었습니다. 노조가 허위사실임을 밝히는 대자보를 게시했으나, 사측은 "법적 자문 결과 회사가 할 수 있는 일이 없다"라며 책임을 회피했습니다.

E. 피해자 및 주변인에게 남겨진 영향

이 사건은 피해자뿐 아니라 동료들에게도 깊은 불신과 좌절을 안겼습니다. 목격자들은 "같은 여성이더라도 믿을 수 없게 됐다"라고 털어놓았습니다. 위원회는 문제 해결 기구가 아니라, 피해자의 목소리를 억누르고 가해자를 보호하는 장치로 작동했습니다.

피해자는 두 차례나 신고와 조사를 반복하며 극심한 소진을 겪었고, 결국 조직 안에서 자신이 결코 보호받을 수 없는 존재라는 사실을 절감했습니다.

F. 시사점

이 사례는 구조화된 2차 가해의 전형을 보여줍니다. 개인의 잘못을 넘어, 조직과 제도가 어떻게 피해자에게 또 다른 상처를 줄 수 있는지를 드러냅니다.

"나 한 사람은 괜찮겠지"라며 양심을 버린 한 사람의 선택이 결국 피해자에게 치명적 결과를 안겨준다는 사실을 여실히 보여줍니다. 공정함을 지켜야 할 위원이 양심을 저버리면, 그것은 단순한 방관이 아니라 2차 가해이며, 조직적 방조입니다.

피해자 보호를 위한 위원회라면, 구성부터 절차까지 투명하고 공정해야 하며, 어떤 압력에도 흔들리지 않는 태도가 필수적입니다. 그렇지 않으면 공정성을 위해 운영하는 위원회가 오히려 또 다른 가해의 장이 될 수밖에 없습니다.

사례 7) 악의를 갖고 한 거네

"(1차 가해자)가 (2차 가해자들)과 친했어요. 그래도 그렇지 자기 친구 신고했다고 얘 나쁜 애다, 악의적이다 하는 게 말이 되나요? 회사 경영한다는 사람이."(목격자, 성별 비공개)

조직 내 괴롭힘 사건이 접수되면 조사는 객관적이고 공정해야 합니다. 그러나 시작부터 피해자에게 악의가 있다는 프레임이 씌워진다면, 그 결과가 피해자에게 불리하게 흐르기 쉽습니다. 본 사례는 사용자가 가해자와의 친분으로 인해 피해자를 '공격의 주체'로 몰아붙이며 조사 전부터 편향된 분위기를 조성한 2차 가해 사례입니다.

A. 사례자: 피해자/목격자, 신고된 사건의 조사관

B. 피해자: 30대, 여성, 계약직

C. 2차 가해자
2차 가해자 1: 남성, 50~60대, 사용자
2차 가해자 2: 남성, 50~60대, 조사관

D. 발생한 사건과 배경

사례자는 조직 내에서 갑질 신고가 접수된 뒤 조사관으로 임명됐습니다. 사건 초기 사용자(첫 번째 2차 가해자)는 여러 자리에서 반복적으로 말했습니다.

"(피해자가) 악의를 갖고 일부러 일을 벌인 거다."

이 주장은 공식 조사 결과도, 사실관계도 확인되지 않은 상황에서 나온 발언이었고, 1차 가해자와의 친분에서 비롯된 것이었습니다. 이 사용자의 발언은 현장에 함께 있던 두 번째 2차 가해자(조사관)에게도 영향을 미쳤습니다. 그는 피해자를 만나보기도 전에 이렇게 말했습니다.

"교활한 애야. 작정하고 일 벌인 거지."

그러나 실제 조사가 시작되자 상황은 달라졌습니다. 피해자는 허위 진술을 꾸미기는커녕, 자신의 말을 조심스러워하며 주변에 폐가 될까봐 눈치를 보는 모습이었습니다. 이를 지켜본 두 번째 2차 가해자조차 태도를 바꾸어 "순하고 가엾은 애더라"라고 말했습니다. 조사관과 사례자 모두 피해자가 거짓말을 꾸며낼 수 있는 사람이 아니라는 판단을 하게 됐습니다.

조사 과정에서 확보한 객관적 진술과 자료로 피해자의 주장이 상당 부분 사실로 확인됐음에도 첫 번째 2차 가해자인 사용자는 끝까지 "그래도 악의가 있는 건 분명하다"라며 입장을 고수했습니다. 사건은 위원회에 회부되지도 못한 채 종결되었고, 1차 가해자는 구두 경고 수준의 경미한 조치만 받았습니다.

E. 피해자 및 주변인에게 남겨진 영향

사례자는 이후 피해자의 구체적 상황은 알지 못했지만, 복직하지 못했다는 소식만 들었습니다. 조직은 사건을 덮으려는 분위기였고, 사례자도 조직에 대한 마지막 남은 신뢰마저 잃었다고 말했습니다. 피해자는 조사 전부터 악의적인 사람으로 규정된 상태에서 싸워야 했고, 조직은 처음부터 사실관계보다 가해자의 평판을 더 중시하는 태도를 보였습니다.

F. 시사점

조사는 진실을 밝히기 위한 절차입니다. 그러나 조사관이 처음부터 피해자에 대한 부정적인 선입견을 품거나, 사용자가 조사에 개입하면 조사는 피해자에게 또 다른 상처를 주는 통로가 될 뿐입니다. 특히 사용자의 영향력은 조사와 판단 과정에서 철저히 배제되어야 합니다. 친분이나 인간관계에 흔들리는 조사 시스템으로는 결코 피해자를 구제할 수 없습니다.

이 사건은 피해자에게 필요한 것은 사적 판단이나 억측이 아니라, 공정하고 예측 가능한 절차임을 단적으로 보여줍니다. 조직은 진정으로 피해자를 보호하려면, 어떤 외압에도 흔들리지 않는 독립적이고 객관적인 조사 체계를 구축해야 합니다.

사례 7) 알려진 가해자가 조사관이라니

"조사관 임명할 때 최소한 백그라운드 체크는 좀 해야 하잖아요. 문제 많은 사람 임명해 놓고 회사가 공정하게 처리하는 척만 하는 거…."(피해자, 여성)

조직 내에서 공공연히 '갑질 가해자'로 알려진 사람이, 직장 내 괴롭힘 사건의 조사관으로 임명되는 일이 과연 상식적일까요? 본 사례는 그 부적절함을 단적으로 보여줍니다. 이 사건은 조사라는 이름으로 피해자에게 또 다른 상처를 준 2차 가해의 사례입니다.

A. 사례자: 피해자/목격자

B. 피해자: 여성, 40대, 일반직

C. 2차 가해자
2차 가해자 1: 남성, 50대, 사용자
2차 가해자 2: 남성, 50대, 조사관

D. 발생한 사건과 배경

피해자는 수년간 지속된 직장 내 괴롭힘을 견디다 못해 사측에 정식으로 신고했습니다. 그러나 조사 직전까지도 사측은 누가 조사관으로 임명됐는지조차 피해자에게 알리지 않았고, 이로써 사용자의 무책임한 2차 가해가 시작되었습니다.

조사 현장에 들어간 피해자는 깜짝 놀랐습니다. 그 자리에는 갑질 가해자로 악명이 높은 인물이 조사관으로 앉아 있었기 때문입니다. 두 번째 2차 가해자는 사내에서 폭언, 고압적 태도, 행정 문란으로 여러 차례 문제가 제기된 인물로, 피해자 역시 오래전부터 그를 신뢰하지 않았습니다. 그러나 이미 조사가 시작된 상황에서 조사관 교체를 요구하기는 어려웠습니다.

조사 자체도 진상규명보다는 신고를 철회하라는 압박에 가까웠습니다. 두 번째 2차 가해자는 피해자에게 거듭 신고 철회를 요구했고, 이를 거부하자 거친 말투와 고함으로 대응했습니다. 다른 조사관이 만류하려 했지만, 그는 아랑곳하지 않고 폭언을 이어갔습니다. 이 상황은 사실상 조사가 아니라 피해자에 대한 또 다른 가해였습니다.

　피해자는 사측에 항의하며, 두 번째 2차 가해자가 조사관으로 부적절하다는 점과 조사 과정에서의 위협적 언행을 문제 삼았습니다. 그러나 첫 번째 2차 가해자인 사용자는 "직설적인 면은 있지만 일 잘하는 사람"이라며 두 번째 2차 가해자를 두둔했고, 조사관 교체나 재조사 요구도 거부했습니다. 사측은 두 번째 2차 가해자가 작성한 보고서만을 근거로 괴롭힘 사실이 성립하지 않는다는 결론을 내렸고, 공정성은 완전히 무너졌습니다.

E. 피해자 및 주변인에게 남겨진 영향

　조사관의 압박과 폭언, 부적절한 임명, 편향된 태도는 피해자에게 극심한 심리적 상처를 남겼습니다. 피해자는 회사의 조사 시스템을 더는 신뢰할 수 없어 노동청에 재신고했습니다. 노동청 조사에서는 피해자의 호소가 인정되었고, 회사의 내부 판단이 잘못됐다는 사실도 확인되었습니다.

　그러나 이미 회사 안에서 피해자는 '문제를 일으킨 사람'이라는 낙인이 찍혔고, 동료들과의 관계도 소원해졌습니다. 심리적 고립과 불안정, 조직에 대한 불신으로 인해 피해자는 직장 생활을 지속하기 어려웠다고 전했습니다.

F. 시사점

이 사건은 절차가 형식적으로만 존재할 뿐, 그 안에 앉은 사람들이 권력과 친분으로 기울어진 태도를 보이면 제도가 무력화될 수 있음을 여실히 보여줍니다. 조사의 공정성은 단순히 위원회를 열고 절차를 진행하는 데 있지 않습니다. 조사관의 신뢰성과 공정성, 피해자에 대한 존중이 반드시 전제되어야 진정한 조사가 가능합니다.

사측이 조사관의 개인적인 의견대로 결론을 내리고, 그 조사관이 가해자로 지목된 인물과 개인적 관계가 있다면, 그것은 제도가 아니라 또 다른 형태의 가해가 될 뿐입니다. 이 사건은 제도가 피해자를 보호하기는커녕, 또 하나의 가해 수단으로 전락할 수 있다는 점을 강하게 경고하고 있습니다.

사례 8) 가해자가 피해자 승진을 결정하다니

"(1차 가해자) 신고했는데 제대로 뭐가 되는 게 없었어요. … (1차 가해자)가 제 승진 결정하는 위원회에 들어가 있는 거 너무 말이 안 되잖아요. (2차 가해자)한테 직접 가서 호소해도 아무 문제가 없다, 그 말뿐이에요."(피해자, 여성)

직장 내 괴롭힘을 신고한 피해자의 인사권이 가해자의 손에 좌우되는 상황이라면 과연 공정한 평가가 가능할까요? 이 사례는 신고 이후에도 피해자가 조직 내에서 반복적인 불이익을 당하게 되는 현실을 보여줍니다. 특히 인사권과 같은 실질적 권한이 가해자에게 그대로 유지되면서, 피해자는 보복성 불이익을 피할 수 없게 되었습니다.

A. 사례자: 피해자/목격자

B. 피해자: 여성, 30대, 일반직

C. 2차 가해자: 남성, 50대, 사용자

D. 발생한 사건과 배경

피해자는 직장에서 반복적인 폭언과 모욕적 언행 등 괴롭힘을 겪다 결국 사측에 정식으로 신고했습니다. 그러나 사용자인 2차 가해자는 신고를 접수하고도 정식 조사나 피해자 보호 조치를 시행하지 않았고, 가해자에 대한 징계나 경고도 없었습니다.

그로부터 몇 달 후 승진 대상자 명단이 발표되었지만, 피해자는 명단에 없었습니다. 근속연수, 업무 평가, 업무량 등 여러 기준에서 승진 요건을 충분히 갖췄음에도 이유 없는 탈락이었습니다. 피해자는 처음엔 경쟁이 치열해서라고 생각하려 했으나, 같은 일이 반복되자 의문을 품게 되었습니다.

그러던 중 피해자는 인사위원회에 자신을 괴롭혔던 1차 가해자가 들어가 있었다는 사실을 알게 됐습니다. 피해자는 사용자에게 항의하며 가해자를 위원회에서 배제해 달라고 요청했지만, 사용자는 "위원이 많아서 개인 한 명이 승진에 큰 영향을 미치지 않는다"라며 사안을 축소했습니다. 이후에도 인사위원 명단은 바뀌지 않았고, 피해자는 또다시 승진에서 누락되었습니다.

E. 피해자/목격자에게 끼친 영향

피해자에게 가장 큰 상처는 괴롭힘 그 자체보다, 신고 후 아무것도 달라지지 않았다는 사실이었다고 합니다. 사용자가 가해자에게 여전히 인사권을 쥐게 둔 것은 명백히 2차 가해였습니다. 피해자의 성과나 역량과 무관하게 공정한 평가를 받기 어렵게 만든 것입니다.

반복적인 승진 누락은 피해자에게 심각한 좌절감과 불신을 안겼고, 자존감 저하와 경력 단절에 대한 두려움까지 불러왔습니다. 결국 피해자는 외부 이직을 심각하게 고민하게 되었고, 더 이상 조직 내에서 커리어를 쌓고 싶지 않다고 밝혔습니다. 조직은 신고를 무시했을 뿐 아니라, 가해자의 권력을 유지시켜 피해자가 보복을 당하도록 방치했습니다.

F. 시사점

이 사례는 직장 내 괴롭힘 신고 이후에도 제도적 보호가 전혀 작동하지 않는 현실을 여실히 보여줍니다. 특히 가해자가 여전히 인사권을 행사하는 한, 피해자는 조직 내에서 지속적으로 불이익을 당할 수밖에 없습니다.

인사위원회와 같은 의사결정 기구에 가해자가 참여하는 것은 명백한 이해충돌입니다. 이를 방치하는 사용자의 태도는 곧 2차 가해이자 피해자 보호 의무 위반입니다. 신고 후 불이익을 감시하고, 피해자가 안전하게 조직에 남을 수 있도록 독립적인 감시·감독 기구의 필요성이 절실히 제기됩니다.

신고 이후의 제도는 단순히 가이드라인으로 끝나서는 안 되며, 실질적으로 가해자의 영향력으로부터 피해자를 분리할 수 있는 장치가 마련되어야 합니다. 그렇지 않으면 신고는 곧 경력 단절로 이어질 수밖에 없고, 조직은 결국 가해자를 보호하는 꼴로 전락하고 맙니다.

② 노조의 2차 가해

사례 1) 증오해, 증오하라고!
"(2차 가해자) 미쳤나 했어요. 피해자 붙들고선 조언이랍시고 폭언 쏟아내는데. 제가 말려도 안 듣고."(목격자, 여성)

성폭력 피해자는 고통을 겪은 뒤에도 '어떻게 반응해야 하는가'에 대한 사회적 압력 속에 놓이게 됩니다. 늘 우울해하고, 가해자와 같은 특성의 사람들을 기피해야 한다는 기대를 벗어나면 오히려 2차 가해를 당하기도 합니다. 이번 사례는 피해자가 "모든 남성을 미워하지 않는다"라는 이유로 심각한 비난과 폭언을 들은 사례로, 특히 도움을 줘야 할 내부 인물이 가해자가 되었다는 점에서 매우 심각한 문제를 보여줍니다.

A. 사례자: 피해자/목격자

B. 피해자: 여성, 30대, 성범죄 피해자

C. 2차 가해자: 여성, 30대, 노동조합 임원 및 성평등 단체 상담자

D. 발생한 사건과 배경
피해자는 회사에서 준강간에 해당할 정도의 중대한 성범죄를 겪었습

니다. 이후 힘들었지만 삶을 회복하고자 노력하며 "가해자는 증오하지만 모든 남성을 미워하지는 않는다"라고 이야기했습니다. 남자 동료들과 일할 때도 적대적으로 굴지 않았습니다.

그러나 이러한 태도가 같은 여성이자 자칭 성평등 운동가인 2차 가해자에게는 분노의 대상이 되었습니다. 2차 가해자는 남성에게 공격적으로 대하지 않는 피해자에게 폭언과 모욕을 퍼부었습니다. 2차 가해자의 발언은 다음과 같았습니다.

"남자는 다 나쁜 놈이야. 왜 그걸 몰라?"
"그렇게 남자가 좋냐?"
"스톡홀름 신드롬이야. 정신과 치료부터 받아."
"너 같은 애 때문에 다른 피해자들이 피해를 보는 거야."

처음엔 걱정하는 척했지만, 피해자가 동조하지 않자 태도가 공격적으로 변했습니다. 카카오톡, 문자, 전화 등으로 심야에 연락을 하고, 피해자가 차단하자 다른 번호로 계속 접근했습니다. 이를 보다 못한 사례자가 2차 가해자를 말렸지만, 2차 가해자는 사례자마저 배신자 취급하며 폭언했습니다. 심지어 피해자에게 "남자 비위 맞추며 알랑방귀 뀌고 살고 싶냐"라는 모욕까지 서슴지 않았습니다. 피해자에게는 1차 가해에 버금가는 언어 폭력이었습니다.

E. 피해자 및 주변인에게 남겨진 영향

피해자는 이미 큰 고통을 겪은 뒤였음에도, 신뢰하던 조력자에게서 또 다른 상처를 받았습니다. 분노와 혐오를 강요받고, 반복적이고 집요한 연락과 모욕을 당하면서 사건 당시보다 더 큰 심리적 붕괴를 겪었다고 합니다. 사례자는 피해자에게 심리 상담을 권했지만, 피해자는

"상담도 못 믿겠다"라고 말할 정도로 사람에 대한 신뢰를 잃었습니다. 사례자 역시 "운동가의 탈을 쓴 가해자"를 목격하고 배신감마저 느꼈다고 털어놓았습니다.

F. 시사점

이 사례는 피해자가 어떻게 증오하고 반응해야 하는지조차 강요받는 현실을 보여줍니다. 피해자가 '이상적인 피해자'의 틀에서 벗어나면, 오히려 주변에서 공격받을 수 있음을 보여주었습니다.

특히 상담자이자 노조 임원, 성평등 운동가라는 사람이 가해자가 될 수 있다는 점을 되새길 필요가 있습니다. 조력자라는 이름으로 분노를 투사하고, 피해자를 압박하는 것은 또 다른 폭력입니다. 정의감이라는 이름 아래 행해지는 권위적 폭력은 결코 정당화될 수 없습니다.

피해자는 각자의 속도와 방식으로 회복할 권리가 있습니다. 증오하지 않는 태도도 피해자의 자유이며, 그것을 비난할 권리는 누구에게도 없습니다.

사례 2) 남자로 보여서 그래?

"자기 정도면 성인지 수준 높은 거니 어쩌니 하더니…. 제가 성희롱 신고하려고 하니까 (1차 가해자가) 남자로 보여서 그러냐고 해요. (1차 가해자가) 자기랑 친한 사람이라고."(피해자, 여성)

성희롱 피해자들은 종종 또 다른 성희롱성 발언을 2차 가해로 겪습니다. 이번 사례에서 피해자는 믿고 의지하던 지인에게 성희롱 피해 사실을 털어놓았으나, 돌아온 반응은 오히려 피해자에게 수치심과 혼란을 안기는 말이었습니다. "가해자가 남자로 보여서 그러냐?"라는 질문은 성희롱이 마치 이성적 감정에서 비롯된 것처럼 왜곡하며, 피해자에게 책임을 전가하는 2차 가해였습니다.

A. 사례자: 피해자/목격자

B. 피해자: 여성, 30대, 일반직

C. 2차 가해자: 남성, 40대, 사례자와 가해자 양측과 개인적 친분이 있는 외부 지인이자 노조 임원

D. 발생한 사건과 배경

피해자는 직장 내에서 반복적으로 한 남성 동료에게 성희롱을 당하고 있었습니다. 특히 이 남성은 업무 외 시간에도 밤늦게 전화를 거는 등 불필요하고 불쾌한 접촉을 지속했습니다. 더 이상 혼자 감당하기 어려웠던 피해자는 노조 일을 하는 지인(2차 가해자)에게 상황을 털어놓았습니다. 2차 가해자는 오히려 "그 사람이 남자로 보여서 그러냐?"라고 반문했습니다.

이 발언은 피해자의 불쾌함이 마치 1차 가해자를 이성으로 보기 때문에 비롯된 것처럼 몰아가며, 피해자의 경험을 폄하하고 왜곡하는 2차 가해였습니다. 성희롱은 가해자의 의도와 상관없이 피해자가 느낀 불쾌감이 기준이 되며, 상대가 누구든 부적절한 신체적·언어적 접근은 성희롱으로 성립합니다. 그러나 2차 가해자는 이를 진지하게 받아들이지 않았고, 오히려 가볍게 치부하거나 피해자가 과민하게 굴고 있다고

여기는 듯한 태도를 보였습니다.

E. 피해자 및 주변인에게 남겨진 영향

신뢰하던 사람에게서 예상치 못한 말을 들은 피해자는 심적으로 크게 흔들렸습니다. 단순한 한마디가 아니라, 자신이 겪은 일과 느낀 감정이 부정되고 폄하되었다는 점이 가장 큰 상처였습니다. 이 일 이후 피해자는 지인의 겉과 속이 다르다는 사실에 실망했고, 그의 언행에 이중성이 있다는 불신을 갖게 되었습니다. 또한, 다른 사람에게 쉽게 고민을 털어놓지 못하게 되었고, 직장 내 신뢰 관계에도 큰 타격을 입었습니다. 이는 단순한 심리적 상처를 넘어, 피해자의 일상적인 심리 안정성과 대인관계 신뢰를 크게 훼손한 사건이 되었습니다.

F. 시사점

2차 가해는 피해자에게 또 다른 상처이자 회복을 방해하는 심각한 요인이 됩니다. 특히, 믿고 의지했던 사람에게서 당한 2차 가해는 충격이 더욱 큽니다.

"그 사람이 남자로 보여서 그러냐"라는 질문은 피해자의 주관적 고통을 의심하고, 나아가 피해자에게 책임을 전가하는 언어 폭력입니다. 성희롱은 단순한 오해나 감정 문제가 아닙니다. 피해자가 느낀 불쾌감 자체가 핵심이며, 이를 피해자의 입장에서 해석하고 존중하는 태도가 반드시 필요합니다.

특히 도움을 요청받은 사람일수록 더욱 신중해야 하며, 자신의 말이나 태도가 또 다른 상처가 될 수 있음을 자각해야 합니다. 피해자의 진심 어린 고백은 결코 가벼운 이야기가 아닙니다. 진정한 조력자는 상대의 고통을 의심하지 않고, 존중하는 태도로 귀 기울여야 합니다.

사례 3) 중립 기어 박습니다

"그렇게 생각할 순 있죠. 근데 굳이 피해자도 듣는 자리에서 중립 기어 박아야 한다고 말을 해야 하나요?"(목격자, 여성)

괴롭힘 사건이나 성희롱 사건이 조직 내에서 공론화될 때, 흔히 들리는 말이 있습니다. 바로 "양쪽 이야기를 들어봐야 한다"라는 말입니다. 겉으로는 공정과 객관을 표방하지만, 이 말은 실제로 피해자에게 "네 말만 믿을 수 없다"라는 메시지를 주는 2차 가해가 될 수 있습니다. 특히 피해자가 어렵게 피해 사실을 털어놓은 직후라면, 이런 발언은 고통을 부정하고 목소리를 위축시키는 결과를 낳습니다. 이번 사례는 바로 그렇게 객관성을 가장한 2차 가해를 보여줍니다.

A. 사례자: 피해자/목격자

B. 피해자: 여성, 30대, 일반 직원

C. 가해자: 여성, 40대, 노동조합 임원

D. 발생한 사건과 배경

사례자가 근무하던 조직에는 이미 여러 사람에게 갑질과 괴롭힘을 일삼아 평판이 좋지 않은 1차 가해자가 있었습니다. 피해자뿐 아니라 여럿이 같은 가해자로부터 고통을 호소했지만, 사측은 해당 인물을 핵심 보직에 그대로 두었고 어떤 조사나 조치도 취하지 않았습니다.

사례자와 피해자는 동료들과 함께 피해 사례를 공유하고, 문제의식을 확산하려고 했습니다. 특히 피해자는 직접 괴롭힘을 당한 경험을 용기 내어 털어놓았고, 주변 동료들 역시 비슷한 경험을 고백하며 공감대를 형성하던 중이었습니다.

그때 노조 임원이자 2차 가해자인 인물이 나섰습니다. "양쪽 이야기를 다 들어봐야 한다"라는 말을 던졌고, 이어 자신도 과거 억울하게 가해자로 몰린 적이 있었다고 이야기했습니다. 이 발언은 표면적으로는 객관과 공정을 이야기하는 듯했지만, 막 피해자의 이야기가 끝난 시점에 나온 것이었습니다. 그 자리에서 침묵을 지키는 대신 굳이 "중립 기어"를 박은 것은, 피해자의 고통을 상대화하고 사건의 무게를 덜어내는 선택이었습니다.

특히, 2차 가해자가 언급한 자신의 과거 경험은 이번 사건과는 맥락이 전혀 달랐습니다. 자신이 오해로 곤란을 겪었던 사소한 일을, 장기간 다수에게 괴롭힘을 가한 심각한 사건과 동일 선상에 둔 것은 사건의 축소이자 피해자 신뢰성에 대한 간접적인 의심이나 다름없었습니다.

E. 피해자 및 주변인에게 남겨진 영향

피해자는 2차 가해자의 말에 상처를 받았습니다. 자신의 고백이 "그럴 수도 있는 이야기" 혹은 "검증해야 할 이야기"로 격하되는 듯했기 때문입니다. 용기를 내어 목소리를 낸 순간, 오히려 자신의 진정성을 의심받았다는 점이 더욱 괴로웠습니다.

목격자인 사례자도 크게 분노했습니다. "믿어주는 사람은 별로 없다"라는 인식이 피해자에게 남은 것이 가장 안타까웠다고 합니다. 결국 피해자는 입을 닫게 되었고, 같은 고통을 겪은 동료들과의 연대도 꺼려지게 되었습니다. 중립을 말한 한마디가 피해자를 고립시킨 셈이었습니다.

F. 시사점

"객관적으로 보자", "양쪽 다 들어봐야 한다"라는 말은 겉보기에는 균형 잡힌 태도처럼 보이지만, 피해자가 있는 자리에서 꺼낼 때는 명백한 2차 가해가 될 수 있습니다. 피해자의 이야기가 갓 공유된 상황에서 이런 말은 피해자의 정당성과 신뢰도를 흔드는 무기로 작용합니다.

이번 사례는 말을 아끼는 것이 진정한 배려라는 점을 일깨워 줍니다. 침묵도 입장을 표하는 방법일 수 있으며, 굳이 소란 속에서 중립을 선언할 필요는 없습니다.

피해자는 본인의 경험을 고백하기까지 오랜 시간의 고통과 고민을 겪습니다. 그 앞에서 "중립"을 선언하는 것은 사실상 피해자에게 다시 고통을 주는 일입니다. 진정한 객관성은 말이 아니라 태도에서 드러나야 하며, 중립 기어를 입 밖에 내는 순간 피해자의 용기는 후진한다는 사실을 잊지 말아야 합니다.

사례 4) 노조, 너도냐 I

"이건 뭐 노조가 노조가 아닌 거죠. 누구 편을 드는 건지."(피해자, 여성)

피해자가 가장 의지하고 싶었던 곳에서조차 보호받지 못하는 경험은 상상 이상으로 큰 좌절을 안겨줍니다. 특히 노동자의 권익을 지킨다며 앞장서야 할 노동조합이 신뢰를 저버릴 때, 피해자는 외부뿐 아니라 내부로부터도 고립됩니다. 이번 사례는 그런 노조의 소극적 2차 가해를 보여줍니다. 명확한 악의 없이 이루어진 무관심과 무책임이 어떻게 피해자의 상처를 더욱 깊게 만드는지를 드러낸 사건입니다.

A. 사례자: 피해자/목격자

B. 피해자: 여성, 20~30대, 평사원

C. 2차 가해자: 남성, 30대, 노동조합 임원

D. 발생한 사건과 배경

피해자는 회사에서 반복적으로 성희롱과 직장 내 괴롭힘을 당했습니다. 용기를 내어 사측에 정식 신고했고, 회사는 고충처리위원회를 꾸렸습니다. 그러나 피해자가 확인한 위원회 명단은 노골적으로 공정하지 않았습니다. 위원 수는 적었고, 여성은 고작 한 명뿐이었습니다. 과거 피해자에게 가해행위를 했거나, 현재 가해자와 친분이 깊은 인물들이 위원회에 포함돼 있기도 했습니다.

이에 피해자는 노동조합 임원에게 해당 인물들을 위원회에서 제외하도록 요청해 달라고 했습니다. 이들은 회사 내부에서도 갑질 가해자로 악명이 높은 인물들이었고, 노조에 이들로부터 피해를 호소한 다른 직원들도 있었습니다. 그럼에도 2차 가해자인 노조 임원은 "본인도 그들과 친하다"라며, 그들이 공정하게 판단할 것이라고 안이한 태도로 일관했습니다. 피해자 입장에서는 노동자의 권익을 지켜야 할 노조마저 사적 친분을 이유로 자신을 외면한 것이었습니다. 이는 소극적 2차 가해라고 볼 수 있습니다.

E. 피해자 및 주변인에게 남겨진 영향

피해자는 이미 사측의 무관심과 주변 동료들의 2차 가해로 큰 고통을 겪고 있었습니다. 노조만큼은 자신을 도와줄 것이라고 마지막 희망을 걸었으나, 그 기대마저 무너졌습니다. 노조의 안이함은 피해자가 기대고 싶던 마지막 지점을 잃게 했고, 배신감과 무력감, 극심한 스트레스로 이어졌습니다.

그 후 피해자는 조사나 조치 과정에서 누군가에게 도움을 청하기조차 더 어려워졌다고 밝혔습니다. 누군가를 믿는 일이 오히려 자신을 위험에 빠뜨릴 수 있다는 인식은 피해자의 일상과 인간관계에도 장기적으로 큰 영향을 남겼습니다.

F. 시사점

직장 내 괴롭힘 문제 해결을 위해선 절차적 공정성은 물론, 조사 주체에 대한 신뢰가 반드시 뒷받침되어야 합니다. 특히 노조는 노동자가 마지막으로 기댈 수 있는 의지처입니다. 객관적이고 일관된 원칙이 지켜지도록 감시할 책임이 있습니다.

이번 사례는 노조의 무책임이 피해자에게 또 다른 상처가 될 수 있음을 잘 보여줍니다. 진정한 도움을 위해선 피해자의 목소리에 귀 기울이고, 피해자가 요청하는 방식으로 적극 개입해야 합니다. 그렇지 않으면 노조도 2차 가해자가 될 수 있음을 잊지 말아야 합니다.

사례 5) 노조, 너도냐 II

"조합비 꼬박꼬박 내면 뭐하나요? 이럴 때 아무것도 안 해주는데."(피해자, 여성)

피해자가 믿고 찾아간 노동조합이 끝내 아무 조치도 하지 않았다면, 그 침묵은 단순한 무관심을 넘어 방조이자 2차 가해가 됩니다. 이번 사례는 노조가 문제를 인지하고도 회피와 침묵으로 일관하며, 피해자를 더욱 고립시킨 사건입니다. 노동자 보호의 최전선에 서야 할 노조가 오히려 피해자의 기대와 의지를 무너뜨릴 수 있음을 보여주고 있습니다.

A. 사례자: 피해자/목격자

B. 피해자: 여성, 연령 미공개, 일반 사무직

C. 2차 가해자: 남성, 40~50대, 노동조합 임원

D. 발생한 사건과 배경

피해자는 오랜 기간 1차 가해자로부터 차별과 위협, 공개적 모욕을 동반한 괴롭힘을 당해 왔습니다. 1차 가해자는 사용자와 개인적으로 매우 가까웠습니다. 피해자 외에도 다수의 구성원이 그의 갑질을 증언했지만, 사측은 일관되게 1차 가해자를 비호했습니다.

공식적인 고충처리 시스템도 사실상 무용지물이었습니다. 고충상담위원으로 지정된 인사팀장조차 평소 피해자에게 책임 전가와 위협적인 언행을 일삼은 가해자 중 하나였습니다. 피해자는 신뢰할 수 있는 내부 해결 창구가 전혀 없는 상황에 처해 있었습니다.

마지막 희망으로 피해자가 찾은 곳은 노조였습니다. 2차 가해자인 노조 임원은 가해자의 갑질과 차별 사실을 이미 잘 알고 있었고, 피해자의 호소에 명백히 공감하는 듯한 반응을 보였습니다. 그러나 그 이후

아무런 조치도 취하지 않았습니다.

　피해자는 노조가 자신의 동의하에 사측에 대리 신고를 할 수 있다는 점을 직접 설명하기까지 했습니다. 그러나 2차 가해자는 끝내 어떤 행동도 하지 않았고, 몇 달 뒤 임기 만료와 함께 자리를 떠났습니다. 그는 후임 노조 임원에게 사건을 인수인계하지도 않았습니다. 결국 피해자는 가해자와 사측은 물론, 노조에도 방치된 채 혼자가 되고 말았습니다.

E. 피해자 및 주변인에게 남겨진 영향

　피해자는 도움을 청한 노조가 아무런 역할도 하지 않았다는 사실에 큰 실망을 느꼈습니다. 새롭게 선출된 노조 임원들에게 걸었던 약간의 기대도 곧 깨졌습니다. 그들이 내용을 전혀 인계받지 못했기 때문에 실질적인 도움을 받을 수 있을지는 여전히 불확실한 상황이었습니다.

　노조가 제 기능을 하지 않았던 경험은, 피해자에게 "조직 내부의 보호 시스템은 모두 무용지물"이라는 무력감을 남겼습니다. 이런 무력감은 피해자뿐 아니라, 향후 다른 피해자들까지 신고를 꺼리게 만드는 요인으로 작용할 수 있습니다.

F. 시사점

　이번 사례는 문제를 인지하고도 아무 행동을 하지 않은 노조가 피해자에게 실질적 해악이 될 수 있음을 보여줍니다. 노동조합은 노동자 보호가 근간인 만큼, 사적 친분이나 눈치 보기 없이 객관적이고 적극적으로 개입할 책무가 있습니다.

　이 사건은 단순히 한 명의 임원이 무책임했던 문제가 아닙니다. 노조 내부의 인수인계 시스템 부재, 연대 의식 부족, 친분에 기반한 판단 오류 등의 결함을 드러냈습니다. 노조가 진정으로 제 역할을 하려면 단순한 상담 접수를 넘어서, 제도적 대응과 책임 있는 후속 조치, 시스템 개선까지 뒷받침되어야 함을 강하게 시사합니다.

③ 제3자의 2차 가해

사례 1) "그 사람이 그럴 사람이 아닌데"

"그럼 저는 뭐 아무나 붙들고 가해자로 몰아가는 사람인 건가요? 자기가 (1차 가해자)랑 얼마나 일해봤다고."(피해자, 여성)

"그 사람이 그럴 사람이 아닌데."
이 말은 2차 가해 사례에서 매우 자주 등장합니다. 평소 좋은 인상을 주던 가해자를 떠올리며, 피해자의 호소를 부정하거나 축소하려는 표현입니다. 이 말은 의도와 상관없이 피해자를 사실상 거짓말쟁이로 몰아가는 2차 가해가 될 수 있습니다. 대부분 이런 발언은 가해자와의 개인적 경험이나 인상에 근거해 나옵니다. 하지만 피해자에게는 곧 "네가 잘못 보고 느낀 것이다"라는 메시지로 들립니다. 그 순간 피해자가 겪은 고통은 사라지고, 오직 가해자의 이미지가 방패가 되는 셈입니다.

A. 사례자: 피해자/목격자

B. 피해자: 여성, 연령 및 직급 미공개. 사례자 외에도 복수의 피해자 존재

C. 2차 가해자: 50대 남성, 타 부서의 부서장

D. 발생한 사건과 배경

2차 가해자는 평소 조용하고 진중한 사람으로 평가받았으며, "혹시라도 내가 누군가에게 갑질을 하게 되면 알려 달라"라고 말할 정도로 스스로 감수성이 높다고 여기는 인물이었습니다. 피해자도 그를 신뢰했고, 오랫동안 혼자 감내해 온 괴롭힘과 성희롱 피해를 조심스레 털어놓았습니다.

그러나 돌아온 답변은 단호했습니다.

"그 사람이 그럴 사람이 아닌데."

2차 가해자는 피해자의 진술을 '오해'로 치부하며 심각성을 축소했고, 어떤 절차적 조치도 취하지 않았습니다. 비록 그가 피해자의 소속 부서장은 아니었지만, 관리자로서 피해 사실을 인지했다면 이를 상부에 보고하고 적절한 조치를 취할 책임이 있었습니다. 그러나 그는 자신의 개인적 인상만을 근거로 피해자의 호소를 무시했습니다.

E. 피해자 및 주변인에게 끼친 영향

피해자는 신뢰했던 사람에게 외면당하고 상처받았습니다. 평소 "진중하고 믿을 수 있는 사람"이라고 생각했던 2차 가해자의 반응은 단순한 실망을 넘어 깊은 배신감으로 이어졌습니다.

이후 피해자는 2차 가해자의 부서원들로부터 "그가 부서장이 된 뒤 많이 변했다"라는 이야기를 들었습니다. 과거에는 노조 활동에도 열심히 참여하던 인물이었지만, 관리직에 오른 뒤 사장의 지시에 무조건 따르고, 부서원들에게는 고압적인 언행을 보이는 상사가 되었다는 것입

니다.

피해자는 "자리가 사람을 만든다는 말을 절감했어요"라고 말했습니다. 근로자의 권익을 대변하던 사람도 관리자의 자리에 오르면 사측의 대변인으로 변할 수 있다는 현실을 뼈저리게 경험한 것입니다.

F. 시사점

"그 사람이 그럴 사람이 아니에요"라는 말은 단순한 개인적 소견이 아닙니다. 특히 관리자의 위치에 있는 사람이 이렇게 말할 때, 그 여파는 훨씬 큽니다. 피해자의 고통은 외면당하고, 조직 내에서 문제 제기조차 어렵게 만드는 분위기가 형성되기 때문입니다.

이 사례가 보여주는 교훈은 분명합니다. 개인의 인상이나 경험은 객관적 증거가 될 수 없습니다. 관리자는 감정이 아니라 사실과 제도적 책임을 기준으로 판단해야 합니다. 피해자의 호소는 선입견 없이 진지하게 검토되어야 합니다.

특히 신뢰하던 사람이 하는 2차 가해의 고통은 더 큽니다. 피해자는 "적어도 이 사람은 내 말을 들어줄 것"이라는 마지막 희망으로 이야기를 꺼내기 때문입니다. 그 희망이 무너졌을 때, 피해자는 크나큰 심리적 타격을 받습니다. 관리자라면 개인적 감정보다 제도적 책임을 우선해야 합니다. 아무리 친한 사람이라도, 괴롭힘 신고가 들어오거나 피해호소가 있다면, 절차적 안내와 보호조치를 취할 의무가 있습니다. 이런 공정성과 책임을 유지할 수 없다면, 관리자의 자리에 있어서는 안 됩니다.

사례 2) 그러게, 거길 왜 갔어?

"(2차 가해자)마저 그럴 줄은 몰랐어요. 저 신고하는 것도 도와주시고 했는데. 그러면서도 속으로는 제가 잘못해서 일이 터진 거로 생각하고 있었다는 거잖아요."(피해자, 여성)

성희롱 피해자에게 가장 흔히 가해지는 2차 가해 중 하나가 "피해자도 잘못한 것 아니냐"라는 책임 전가입니다. 왜 그 장소에 갔는지, 왜 그런 행동을 했는지 묻는 말은, 결국 성희롱의 책임을 피해자에게 돌리는 행위가 됩니다. 더욱이 일부 상황에서는 피해자가 원하지 않았던 자리, 예컨대 상사의 명령으로 불려 나간 자리에서 사건이 발생하기도 합니다. 그럼에도 "네가 잘못해서 일을 키웠다"라는 식의 말은 여전히 피해자에게 큰 상처를 주고 있습니다. 본 사례는 피해자의 편에서 대리 신고까지 해주던 인물이 2차 가해자가 되어 버린 안타까운 사건이기도 합니다.

A. 사례자: 피해자/목격자

B. 피해자: 여성, 20대, 사원급

C. 2차 가해자: 여성, 50대, 중간 관리자. 피해자의 성희롱 사건을 대리 신고한 인물

D. 발생한 사건과 배경
피해자는 부서장의 강압적인 지시로 이미 퇴근했으나 다시 회식 자

리에 나가야 했습니다. 외부 인사를 접대하는 자리였고, 그곳에서 성추행을 당했습니다. 항의하는 피해자에게 부서장은 "별일도 아닌 일에 예민하다"라고 꾸짖었고, 오히려 피해자에게 사과하라고 강요했습니다. 피해자는 거부하고 자리를 나왔습니다. 이후 부서장은 피해자의 업무를 계속 트집 잡으며 괴롭혔습니다.

평소 피해자에게 우호적이던 동료(2차 가해자)는 무슨 일이 있었는지 물었고, 피해자는 사건과 부서장의 괴롭힘을 털어놨습니다. 2차 가해자는 분노하며 반드시 신고해야 한다고 말했고, 피해자의 동의를 얻어 사건을 대신 신고해 주었습니다. 조사 기간 동안 피해자는 2차 가해자에게 크게 의지했고, 신뢰와 고마움을 느꼈습니다. 감사 인사로 식사를 함께하며 술을 마시던 자리에서 2차 가해자는 다시 사건 이야기를 꺼냈습니다. 피해자가 사건을 설명하자, 2차 가해자는 "그러게 거길 왜 갔어?"라고 말했습니다.

그는 "여성은 스스로 몸을 지켜야 한다"라며, 부서장이 불러도 가지 말았어야 했다고 말했습니다. 피해자가 "부서장이 계속 전화로 불러서 어쩔 수 없었다"라고 설명했지만, 2차 가해자는 오히려 피해자에게 책임이 있다는 태도를 보였습니다.

결국 조사 결과 부서장의 책임은 인정되어 피해자는 다른 부서로 이동 조치되었고, 부서장에게는 구두 경고가 내려졌습니다. 그러나 외부 협력사 관계자(성추행 가해자)에 대해서는 아무런 조치가 이루어지지 않았습니다. 사건이 정리된 후, 2차 가해자는 피해자에게 "새 부서는 좋냐"라고 물었습니다. 피해자가 "편해졌다"라고 하자 2차 가해자는 "남은 직원들은 부서장 때문에 힘들어한다"라고 말했습니다. 마치 피해자의 신고 때문에 다른 동료들이 힘들어졌다는 뉘앙스였고, 또 다른 형태의 2차 가해가 되었습니다.

E. 피해자 및 주변인에게 남겨진 영향

피해자는 처음엔 자신을 도와준 2차 가해자에게 큰 신뢰를 느꼈습니다. 하지만 그로부터 들은 "그렇게 거길 왜 갔어"라는 말은 깊은 배신감과 상처로 남았습니다. 또한 "네가 잘못해서 일이 커졌다"라는 뉘앙스는 피해자로 하여금 자신의 정당한 행동에 의문을 품게 만들었습니다. 이후에도 2차 가해자는 피해자에게 계속 친절하게 대하려 했지만, 피해자는 더는 마음을 열 수 없었다고 합니다.

F. 시사점

성희롱 피해자에게 "왜 그 자리에 갔냐"라고 묻는 것은, 사건의 맥락과 피해자의 처지를 완전히 무시한 책임 전가입니다. 직장 내 위계와 상사의 강압으로 어쩔 수 없이 참석한 자리를, 마치 피해자의 자발적 선택처럼 몰아가는 것은 명백한 2차 가해입니다.

피해자의 편을 들어줄 것 같았던 이들조차 결국 피해자에게 상처를 주는 이중적 태도를 보인다는 것은 조직에서 피해자가 얼마나 극심한 고립감을 겪어야 하는지를 보여줍니다. 진정한 지지란, 피해자의 말을 존중하고 그 상황이 왜 발생했는지를 충분히 고려한 뒤 판단하는 데서 시작해야 합니다. 2차 가해는 피해자의 회복을 가로막을 뿐 아니라 조직의 신뢰 기반까지 무너뜨릴 수 있다는 점을 잊지 말아야 합니다.

사례 3) 난 피해자를 위해서 한 거야

"왜 부탁하지도 않은 걸 마음대로 하신 건지…. 그냥 가만히 계셨으면…."(피해자, 여성)

도움을 주겠다는 명목으로 피해자의 동의 없이 자의적으로 개입하는 사람들이 있습니다. 이들은 스스로 "정의를 위해" 움직인다고 믿지만, 실제로는 피해자를 더 큰 곤란과 위험에 빠뜨리기도 합니다. 이번 사례는 잘못된 선의가 어떻게 피해자에게 또 다른 고통이 될 수 있는지를 보여줍니다.

A. 사례자: 피해자/목격자

B. 피해자: 여성, 40대, 중간 직급자

C. 2차 가해자: 여성, 50대, 조직 내 고위 직급자

D. 발생한 사건과 배경
피해자는 과거 직장에서 조직적 괴롭힘을 겪었습니다. 당시 사용자의 회유와 압박으로 인해 공식 절차를 밟지 못했고, 결국 사건은 묻힌 채 시간이 흘렀습니다. 그 시절에는 지금보다 피해자 보호 인식도 부족했고, 외부 기관에 도움을 요청하는 것 자체가 쉽지 않은 분위기였습니다.
수년 뒤, 피해자는 같은 조직 내 친하게 지내던 2차 가해자에게 조심스럽게 과거 일을 털어놓았습니다. 2차 가해자가 먼저 "옛날에 그런 일 있었다고 들었다"라고 물어보았기 때문이었습니다. 피해자는 "지금

은 문제 삼고 싶지 않다"라며, 절대 다른 사람에게 말하지 말아 달라고 신신당부했습니다. 2차 가해자는 겉으로는 이해하는 듯 고개를 끄덕였지만, 곧 사용자를 직접 찾아가 항의했습니다. 사용자는 처음엔 "그런 일은 기억나지 않는다"라고 했고, 나중에는 "피해자가 원치 않아 공식 조치를 하지 않았다"라고 책임을 회피했습니다.

2차 가해자는 피해자를 따로 불러 "네가 정식 신고를 원하지 않았다고 하더라"라며, 오히려 피해자를 의심하는 듯한 태도를 보였습니다. 하지만 당시 사용자는 피해자와 독대하는 자리에서 "적을 만들지 말라"는 압박을 가했고, "부서 이동을 원한다면 해주겠다"라며 회유했기에 피해자도 공론화해 봤자 소용없을 거라 느꼈습니다. 피해자는 2차 가해자에게 털어놓은 이유도 "다른 직원들만큼은 같은 피해를 겪지 않게 하자"라는 뜻이었을 뿐, 항의를 부탁한 것은 아니었다고 말했습니다.

2차 가해자는 "다 너를 위해서 한 건데 왜 그래. 이제 그 사람(사용자)도 실권 없으니 걱정하지 마"라며 자신의 행동을 정당화했습니다. 심지어 "그 사람 선한 사람이야. 이번 일로 미안해할 거다"라고 하기도 했습니다. 피해자의 의사를 무시한 채, 자신만의 생각으로 일을 키워놓고 문제의식조차 느끼지 못하는 태도였습니다.

E. 피해자 및 주변인에게 남겨진 영향

피해자는 2차 가해자가 마음대로 가해자에게 사건을 전달했을 뿐 아니라 가해자의 말을 그대로 믿고 피해자를 의심한 사실에 한숨만 나왔다고 합니다. 2차 가해자는 피해자를 위해 움직인 것이 아니라, 피해자의 경험을 흥미로운 얘깃거리처럼 여겼을 뿐이었습니다. 이런 2차 가해자의 무단 개입은 자칫 보복성 조치로 이어질 위험도 있었습니다. 다행히 상황이 악화되지는 않았지만 사용자의 임기가 얼마 남지 않았었다는 운이 작용했을 뿐입니다.

F. 시사점

피해자의 동의 없이 벌이는 '선의의 개입'은 명백한 2차 가해가 될 수 있습니다. 아무리 좋은 의도라 하더라도, 피해자의 요청과 감정을 무시하는 행동은 피해자의 회복을 방해하고, 신뢰 관계를 깨뜨리며, 새로운 위험까지 만들어 냅니다.

이 사례는 피해자의 고통을 주변인이 자기 관점으로 해석하거나, 임의로 해결하려 드는 태도가 얼마나 위험한지를 잘 보여줍니다. 도움을 주고 싶다면 반드시 피해자에게 "묻고, 듣고, 동의받고" 움직여야 합니다.

사례 4) 네가 예민한 거 아냐? 오해 아냐?

"본인이 겪어봤으면 그런 말 나오겠냐고요. 그 사람이 그런 의도로 한 건지 아닌지 어떻게 안다고…."(피해자, 여성)

피해자에게 직접적인 비난은 하지 않아도, 객관적인 척, 중립적인 척하며 피해자의 감정을 의심하는 방식의 2차 가해는 흔합니다. 이런 2차 가해는 가해자의 의도를 두둔하고, 피해자의 감각을 왜곡시키며 심리적 혼란을 초래합니다. "오해한 것 아니냐", "그 사람이 그런 의도로 한 건 아닐 거다", "너무 예민하게 받아들이는 거 아니냐"라는 말은 실상 피해자를 위축시키고 스스로를 의심하게 만드는 가스라이팅입니다. 이러한 반응의 이면에는 피해자의 고통에 공감하지 않고, 피해자의 신고로 자신의 일상이 불편해질까 회피하려는 심리가 숨어 있습니다.

A. **사례자:** 피해자/목격자

B. **피해자:** 여성, 연령 미공개, 직급 미공개

C. **2차 가해자:** 복수, 성별·연령대·직급 미공개(피해자의 주변인들)

D. **발생한 사건과 배경**

피해자는 시간이 한참 지난 지금도 기억을 떠올리는 것이 고통스러울 만큼 심각한 괴롭힘을 겪었습니다. 하지만 피해자가 용기 내어 자신의 경험을 털어놓았을 때, 동료들의 반응은 "그 사람이 그런 생각 하고 했겠어?", "서로 오해한 거 같은데"와 같은 말들이었습니다. 가해자의 행동을 분석하기보다는 피해자의 감정부터 되짚으라는 식의 반응이었습니다.

2차 가해자들의 이런 언행은 '나는 직접 가해하지 않았다'는 착각 속에서 이루어졌지만, 실질적으로는 가해에 해당합니다. 피해자가 사건을 공론화하면 본인들도 영향을 받게 되는 만큼, 피해자의 입을 다물게 하려고 하는 것입니다.

피해자는 주변인의 반복된 반응 속에서 자신이 상황을 잘못 인식한 것은 아닐지, 정말 너무 예민하게 반응한 건 아닌지 자책하게 되었고, 피해에 대한 인식조차 흐려지기 시작했습니다.

E. **피해자 및 주변인에게 남겨진 영향**

1차 가해로 인한 고통도 컸지만, 2차 가해는 피해자의 마음에 더 깊은 상처를 남겼습니다. 주변인에게 기대했던 최소한의 지지와 공감이

무너졌을 때, 피해자는 사회적 고립감과 심리적 붕괴를 함께 겪어야 했습니다. 오랫동안 지속된 괴롭힘에 더해 주변인의 비공감적 반응은 피해자의 정신적 고통을 배가시켰고, 피해자는 결국 건강 악화로 퇴사했습니다.

괴롭힘을 겪은 사람에게 있어, 누군가의 "그건 네 착각일지도 몰라"라는 한마디는 사건 그 자체보다 더 오랫동안 기억에 남는 독이 되곤 합니다.

F. 시사점

괴롭힘 피해에 대해 객관적 태도를 가장한 비판적 대응은 사실상 중립 유지가 아닙니다. 피해자를 위축시키고, 그 감정을 억압하며, 피해를 명확히 인식하지 못하게 만드는 또 다른 형태의 가해입니다. 특히 가해자와의 관계가 얽혀 있는 동료나 상급자일수록, "나는 중립"이라는 태도를 취하며 회피하려는 경향이 강합니다.

하지만 피해자의 입장에서는 이처럼 조심스럽게 둘러대는 말 한마디 한마디가 자신을 부정당하는 것으로 느껴지고, 이는 피해 회복을 지연시키는 중요한 장애 요인이 됩니다. 조직과 동료들은 피해자가 경험을 이야기할 수 있도록 신뢰와 안전의 분위기를 조성해야 합니다. 이를 위해서는 2차 가해의 본질을 제대로 이해하고, 피해자를 보호하는 태도에 대해 지속적인 교육과 실천이 필요합니다.

사례 5) 다른 부서원들이 힘들어하잖아

"회사가 빨리 처리 안 하는 걸 제가 어떻게 하라고요. 제일 답답한 건 전데…."(피해자, 여성)

직장 내 괴롭힘을 신고한 이후, 가장 고통스러운 시간을 보내는 사람은 바로 피해자입니다. 조직의 대응을 기다리는 동안, 무기력함과 불안, 외로움으로 시간을 보냅니다. 이런 시기에 오히려 피해자에게 사측의 처리 지연에 따른 책임을 묻고, 다른 직원들이 고통받고 있다고 하는 사람이 있다면, 그것도 2차 가해가 될 수 있습니다.

A. 사례자: 피해자/목격자

B. 피해자: 여성, 연령 미공개, 직급 미공개

C. 2차 가해자: 여성, 연령 미공개, 직급 미공개, 피해자의 고충을 상담받고 정서적 지지를 제공하던 인물

D. 발생한 사건과 배경

피해자는 오랫동안 부서 내에서 성희롱과 갑질을 포함한 복합적인 괴롭힘을 당해 왔습니다. 괴롭힘의 수위는 점차 심각해졌고, 피해자는 정식으로 사측에 신고하게 되었습니다. 신고 전후로 피해자는 주변 몇몇 동료에게 상황을 털어놓으며 도움을 구했고, 그중 한 명인 2차 가해자에게는 특히 의지하게 되었습니다. 2차 가해자는 피해자의 말을 경청하고 공감해 주는 듯 보였고, 피해자에게 심리적으로 매우 든든한 존재였습니다.

신고 이후 사측의 조치가 지연되고, 피해자와 가해자의 분리도 제대로 이루어지지 않는 상황이 발생했습니다. 그러자 2차 가해자는 피해자를 따로 불러 "이 일이 빨리 정리되지 않아서 부서 사람들이 많이 힘

들어한다"라고 말했습니다. 특히 한 동료의 이름을 언급하며, "나는 지금 그 친구가 제일 걱정된다"라고도 했습니다. 피해자가 신고했기 때문에 동료들이 힘들어졌다는 뉘앙스였습니다.

사측이 처리 과정을 지연한 책임은 피해자에게 있지 않습니다. 피해자는 그저 고통스러운 상황에서 최소한의 보호를 요청했을 뿐이었고, 문제 해결을 위한 조치 또한 조직이 책임져야 할 영역이었습니다. 그러나 2차 가해자는 오히려 피해자에게 심리적 압박을 가했고, 피해자가 누려야 할 보호의 권리를 '불편함의 원인'으로 전도시켜 버렸습니다.

E. 피해자 및 주변인에게 남겨진 영향

피해자는 본래 2차 가해자를 믿었습니다. 자신이 처한 상황을 털어놓을 수 있었던 몇 안 되는 사람 중 한 명으로 여겼습니다. 하지만 2차 가해자의 말은 피해자에게 다시 한번 상처를 남겼습니다. 피해자는 스스로가 조직의 짐처럼 느껴졌고, 동료들이 자신을 부담스러운 존재로 보고 있다는 생각에 더 깊은 외로움과 죄책감을 느꼈습니다.

F. 시사점

조직 내 괴롭힘이 발생했을 때, 가장 기본적으로 지켜져야 할 태도는 피해자의 입장을 배려하고 공감해 주는 것입니다. 그러나 사측의 미흡한 대응으로 인한 지연이나 혼란을 피해자에게 전가하는 태도는, 2차 가해로 작용해 피해자의 심리적 고통을 증폭시킵니다. "다른 사람들도 힘들어한다"라는 말은 조직 내부에서 피해자가 더 고립되고 위축되는 계기가 됩니다.

2차 가해자는 악의 없이 말했을 수도 있습니다. 하지만 말의 맥락과 전달 방식은 때로 무의식 중에 피해자에게 죄책감을 심을 수 있습니다. 피해자는 동료들의 불편함을 막기 위해 본인의 고통을 참아야 하는 사람이 아닙니다.

사례 5) 상사가 부르시면 와야지

"내가 접대부도 아니고 가기 싫다는 걸 자꾸 불러내는 거예요. 무슨 일 생길지 뻔히 아는데."(피해자, 여성)

피해자가 명확한 가해 경험을 겪은 뒤, 유사한 상황을 피하려는 것은 당연한 방어적 선택입니다. 하지만 피해자를 또다시 그런 자리로 불러내려 하거나, 가해자의 요구에 응하라고 강요하는 사람들이 존재합니다. 이런 행동은 가해 상황의 재발 가능성을 높이는 문제적 행위입니다. 2차 가해임과 동시에 또 다른 1차 가해로도 간주될 수 있습니다.

A. 사례자: 피해자/목격자

B. 피해자: 여성, 연령 미공개, 평사원

C. 2차 가해자
2차 가해자 1: 여성, 피해자보다 연상, 평사원
2차 가해자 2: 남성, 피해자보다 연상, 평사원

D. 발생한 사건과 배경
피해자는 두 번에 걸쳐 2차 가해를 경험했습니다. 첫 번째는 나이 많

은 여성 동료였고, 두 번째는 연령대가 더 높은 남성 동료였습니다. 이들은 '함께 어울리자'는 명목으로 피해자를 가해자와 함께 있는 자리에 나오게 만들거나 불러내려 했습니다.

첫 번째 2차 가해자는 '편안하게 모이는 자리'라고 하며 피해자를 술자리에 초대했습니다. 피해자도 가벼운 친목 자리로 생각하고 별다른 경계 없이 참석했습니다. 그러나 그 자리는 친목이 아닌, 조직 내의 '어르신'을 접대하는 자리였습니다.

술자리에는 50대 남성 상사가 있었고, 그는 피해자를 자신의 옆자리에 앉도록 강요했습니다. 피해자의 손을 붙잡아 놓고, 입술을 더듬는 등 성추행을 했습니다. 그러나 바로 옆에 있었던 2차 가해자는 이 상황을 목격하고도 아무런 제지 없이 방관했습니다. 피해자 외에는 아무도 그 상황의 문제를 인식하는 사람은 주변에 아무도 없어 보였습니다. 이후 피해자는 1차 가해자를 피했습니다.

얼마 지나지 않아 두 번째 2차 가해자가 등장했습니다. 그는 밤늦은 시간 피해자에게 전화를 걸어 "(1차 가해자가) 부르고 있다"라며 술자리로 나올 것을 요구했습니다. 피해자가 거절했음에도 그는 계속 전화를 걸어 나오라고 했고, "다음번엔 꼭 나와야 한다"라며 압박을 가했습니다.

두 사람 모두 평소 '노동자 권익 보호'에 적극적이던 인물들이었습니다. 그러나 정작 자신들이 피해자를 또 다른 피해 상황으로 몰아넣고 있다는 점은 전혀 인지하지 못했습니다.

E. 피해자 및 주변인에게 남겨진 영향

피해자는 사건 이후, 조직 내의 어느 누구도 온전히 믿을 수 없게 되었다고 토로했습니다. 특히 '노동자 보호'와 '정의'를 외치던 사람들이 오히려 가해 상황을 조장하거나 피해자의 불안을 외면하는 현실에 대해 배신감마저 느꼈습니다.

2차 가해자들의 방관과 강요는 각기 다른 방식의 가해입니다. 피해자는 "거절해도 계속 부르니까 뭘 어떻게 해야 할지 모르겠다"라고 말했습니다. 문제 상황을 피하려는 자기방어적 행동마저 존중받지 못하고, 오히려 비협조적이나 이기적으로 여겨질 수 있다는 점 때문에 크게 위축되었습니다.

F. 시사점

이 사례는 '자리만 마련했을 뿐', '내가 한 건 아니니까'라는 식의 무책임한 태도가 얼마나 쉽게 2차 가해로 이어질 수 있는지를 보여줍니다. 피해자와 가해자가 함께 있는 자리를 만들고, 피해자의 거부에도 불구하고 해당 자리를 강요하는 것은 가해 상황을 조장하는 것이나 마찬가지입니다.

한번 피해를 겪은 피해자가 가장 먼저 신경 쓰는 것은 '안전'입니다. 피해자가 피하려는 자리를 억지로 끌어내는 것이 협력도 아니고 유쾌한 친목도 아닙니다.

사례 5) 신고해 봤자 너만 손해야

"다들 어차피 회사는 못 이긴다, 신고해 봤자 너만 손해다… 해요. 그런 말 들으면서 제가 무슨 수로 신고하겠어요. 증인으로 나서주지도 않을 거 뻔한데."(피해자, 여성)

2차 가해는 때로 '충고'라는 탈을 쓰고 피해자의 용기를 꺾습니다. 피해자를 위해 해주는 말처럼 보이지만, 실상은 피해자의 고통을 외면하거나 회피하려는 동료들의 자기방어적 언행일 때가 많습니다. 특히 "신고해 봤자 너만 손해다"라는 말은, 피해자의 판단력과 감정을 무시할 뿐 아니라, 피해자로 하여금 스스로 입을 닫게 만드는 억제 효과를 지닙니다.

A. 사례자: 피해자/목격자

B. 피해자: 여성, 연령 미공개, 직급 미공개

C. 2차 가해자: 여성, 연령 미공개, 선임 동료

D. 발생한 사건과 배경

피해자가 다니던 회사는 피해자에게 누명을 씌웠습니다. 그 과정에서 사측의 부당한 지시와 요구, 부적절한 언행이 담긴 이메일과 녹취파일이 남았습니다.

피해자는 평소 신뢰하던 선임 동료(2차 가해자)에게 이 모든 상황을 털어놓았습니다. 증거 자료도 충분히 갖춰져 있다는 점을 말하며, 신고 후의 여파를 감당할 준비가 되어 있다고 말했습니다. 하지만 2차 가해자는 "신고할 생각도 하지 마. 달라질 거 없어. 지금은 네가 피해자라고 인정해 줘도, 막상 신고하면 욕먹는 건 너야"라며, 사실상 신고를 말렸습니다. 사례자는 이 말이 조언처럼 포장되어 있었지만, 실은 본인의 고통을 '조용히 넘기라'는 암묵적 강요처럼 느껴졌습니다.

특히 "너만 다친다"라는 말은 신고를 결심한 피해자의 결단을 존중하지 않고, 두려움을 부추기는 표현이었습니다.

E. 피해자 및 주변인에게 남겨진 영향

피해자에게 자신이 겪은 고통을 공론화한다는 건 생각보다 훨씬 큰 심리적 부담이 따르는 일입니다. 그런 결심이 믿고 의지했던 동료의 차가운 반응 앞에서 무너졌습니다.

"신고할 생각도 하지 마"라는 말은 단지 한마디였지만, 그 말은 사례자의 용기와 존엄에 대한 부정이자, 관계에 대한 배신이기도 했습니다. 이후 피해자는 그 선임과의 관계뿐 아니라, 전체 조직에서 누구도 온전히 믿지 못하게 되었습니다. 사람들과는 일상적으로 대화하고 함께 일했지만, 마음 깊숙한 곳에서는 "이 사람도 내가 불리해지면 등을 돌릴 수 있겠지"라는 불안감을 품게 되었다고 합니다.

F. 시사점

피해자가 신고를 결심하는 과정은 결코 쉽지 않습니다. 감정적으로 무너져 있는 상태에서 증거를 모으고, 누군가에게 털어놓기까지는 수많은 자기검열과 망설임을 거치게 됩니다. 그런 과정 끝에 어렵게 꺼낸 이야기를 "하지 마라", "괜히 너만 손해 본다"라는 식으로 일축하는 것은 단순한 충고가 아닙니다. 그것은 피해자의 용기를 부정하고, 피해자로 하여금 다시 침묵 속으로 돌아가게 만드는 2차 가해입니다.

실제로, 많은 피해자들이 '주변의 반응이 두려워서', '나만 이상한 사람이 될까 봐' 신고를 주저합니다. 이처럼 피해자를 둘러싼 환경과 사람들의 언행은 피해자 보호뿐 아니라, 조직 내 정의 구현에도 직접적인 영향을 미칩니다.

피해자가 내민 손을 덥석 잡아주지는 못하더라도, 그 손을 뿌리쳐서는 안 됩니다. 진심 어린 경청과 "내가 함께 있을게"라는 지지의 태도가 피해자가 다음 발걸음을 내디딜 수 있도록 돕는 힘이 됩니다. 피해자를 위한 말이라면, 그 말이 진정으로 피해자의 입장에서 나온 것인지 스스로 되묻는 자기 점검이 필요합니다.

사례 6) (피해자에게) 문제가 있는 거 아니야?

"참 이상하죠? 왜 가해자한테 문제 있냐가 아니라 피해자한테 문제 있냐가 먼저 나올까요?"(피해자, 여성)

이번 사례는 2차 가해자의 의도가 명확히 드러나진 않았으나, 피해자에게 깊은 상처를 남겼습니다. 피해자의 건강 악화를 두고 "그 사람한테 뭔가 문제가 있는 것 아니냐"라고 하는 말은 맥락에 따라 2차 가해가 될 수 있습니다.

A. 사례자: 피해자/목격자

B. 피해자: 여성, 연령 미공개, 일반직

C. 2차 가해자: 남성, 연령 미공개, 같은 조직 소속

D. 발생한 사건과 배경

피해자가 속한 조직은 상명하복 문화가 강했고, 소위 말하는 '빽'이

나 내부 연줄이 없는 젊은 여성 직원에게는 한없이 척박한 환경이었습니다. 그 속에서 피해자는 반복적으로 성희롱, 언어적 폭력, 무시와 조롱, 부당한 업무지시 등 다양한 형태의 괴롭힘을 겪어야 했습니다. 장기간에 걸친 가해와 심리적 압박으로 인해 피해자는 점차 정신적·신체적 건강이 크게 악화하였습니다. 심각한 스트레스로 잠을 제대로 자지 못하고, 소화 장애와 호흡 곤란까지 겪는 상태가 되었습니다.

그런 상황에서 2차 가해자는 피해자의 상황 전체를 알지 못한 채, "(피해자에게) 문제가 있는 것 아니냐?"라는 말을 했습니다. 피해자가 겪은 고통과 병의 원인을 '개인의 성격이나 적응 문제'로 돌리는 듯한 말이었습니다.

E. 피해자 및 주변인에게 남겨진 영향

피해자는 이미 그 조직과 동료들에 대한 신뢰를 상실한 상태였습니다. 조직으로부터 반복적으로 방치되고, 동료들로부터 이해받지 못했던 경험이 축적되면서 극심한 무력감을 느끼고 있었습니다.

2차 가해자의 한마디는 피해자에게 새로운 상처라기보다는 이미 포기하고 있던 관계에서 마침표를 찍는 말이었습니다. 피해자는 이제 누군가가 자신의 상황에 분노하며 함께 신고해 주겠다고 해도 "그건 나의 일이 아니다"라고 느낀다고 했습니다. 주변인들이 도와주고 싶어 해도, 이미 너무 오래 외면당했던 사례자에게는 그 어떤 관심도 쉽게 와닿지 않았던 것입니다.

피해자는 노동청에 신고해도, 조사는 결국 그 조직이 주도하기 때문에 아무 의미가 없을 것이라고 말합니다. 자신의 고통이 어느 누구에게도 중요하지 않으며, 어차피 바뀌는 건 아무것도 없을 것이라는 '학습

된 무기력감'에 깊이 빠져 있습니다.

F. 시사점

"그 사람에게 문제가 있는 것 아니냐"라는 말은 누군가의 고통을 그의 책임으로 치부하는 무책임한 발언이 될 수 있습니다. 피해자가 장기간에 걸친 괴롭힘, 조직적 방치, 건강 악화 등 복합적인 고통을 겪고 있는 상황에서는 더더욱 그렇습니다.

이번 사례처럼 2차 가해가 반드시 의도적이지는 않습니다. 무심한 말 한마디도, 맥락을 무시하면 충분히 가해가 될 수 있습니다. 피해자가 겪은 고통의 배경을 이해하려 하지 않고, 겉으로 드러난 상태만을 보고 평가하는 태도는 피해자의 존엄성과 경험을 부정하는 일입니다. "왜 저 사람만 저럴까?"라고 하기보다는 "무슨 일이 있었기에 저럴 수밖에 없을까?"라고 묻는 태도가 필요합니다. 문제의 원인을 환경과 조직문화가 아닌, 개인의 탓으로만 봐선 안 됩니다.

사례 7) 버틸 만했나 봐

"제가 매일 울고, 일도 못 하고, 그러다 못 견디겠다고 사표 쓰면 '그래, 힘들었구나' 할까요? 아니잖아요. 그럼 또 그것도 못 버티고 퇴사한다고 하겠죠."(피해자, 여성)

피해를 신고한 이후, 이런 말을 듣는 피해자들은 생각보다 많습니다. 피해자는 보통 생계, 커리어 등을 이유로 쉽사리 퇴사할 수 없는 상황에 놓여 있습니다. 그런데도 신고 이후에 계속 조직에 머문다는 이유로 피해 사실 자체마저 부정하는 것입니다.

A. 사례자: 피해자/목격자

B. 피해자: 여성, 30대, 현장직

C. 2차 가해자
2차 가해자 1: 여성, 30대, 방관자
2차 가해자 2: 남성, 40대, 조직 내 공식 조사관

D. 발생한 사건과 배경

피해자는 동일 부서 내 여성 동료들로부터 장기간 집단 따돌림과 언어적 괴롭힘을 당해왔습니다. 피해는 단순히 인간 관계상의 갈등 수준이 아니었습니다. 업무 수행에 필수적인 정보와 장비를 일부러 공유하지 않았고, 피해자의 사적인 물건을 빼앗거나 숨기기도 했습니다. 심지어 피해자가 새 옷을 입고 오면 "남자 꼬시러 왔냐"라는 성희롱성 발언까지 공공연하게 일삼았습니다. 이런 상황이 반복되자 피해자는 회사에 정식으로 신고했습니다. 그러나 사측은 가해자 중 핵심 인물인 작업반장을 비호하며 사건을 축소하려 했습니다.

이 와중에 상황을 지켜보던 한 동료(첫 번째 2차 가해자)는 피해자가 탈의실에서 옷을 갈아입고 있을 때 등 뒤에서 "그 정도면 퇴사했어야 하는 거 아니냐?", "버틸 만했나 봐?", "신고한 거 진짜야?"라는 발언을 했습니다. 다른 사람에게 하는 말이었지만, 피해자도 들을 수 있다는 걸 알면서 한 것입니다. 게다가 사측에서 배정한 공식 조사관(두 번째 2차 가해자)은 조사 중 사례자에게 "그렇게 똑똑하고 깨어 있는 사람이 왜 공장에 들어왔느냐"라는 말을 하기도 했습니다. 문제 제기를 한

피해자를 오히려 문제의 원인으로 몰아가는 발언이었습니다.

E. 피해자 및 주변인에게 남겨진 영향

사례자는 집단 따돌림과 성희롱, 조직의 미흡한 대응으로 인해 극심한 정신적 스트레스를 겪고 있었습니다. 신고 이후 돌아온 반응은 더욱 피해자를 고통스럽게 했습니다. 피해자가 당하던 걸 지켜보던 목격자와 객관성을 유지해야 할 조사관, 그들의 발언은 명백한 2차 가해였습니다.

사례자는 노동청에 사건을 재신고했지만, 사측의 조사가 다시 진행되는 동안 괴롭힘은 더욱 심해졌고, 회사는 피해자 보호 조치도 제대로 하지 않았습니다. 버텨야만 했던 시간들이 오히려 사례자를 더 큰 고립으로 몰아넣었습니다. 사례자는 자발적인 퇴사를 선택했습니다.

F. 시사점

"그 정도면 퇴사해야 하는 거 아냐?", "아직 다니는 거 보니까 별일 아니었나 보네"라는 말은 피해자가 겪은 고통의 깊이를 '퇴사 여부'라는 적절치 못한 단일 기준으로 판단하는 말입니다. 피해자의 용기와 저항을 '허위'나 '과장'으로 왜곡하는 효과를 갖기도 합니다.

피해자가 "왜 퇴사하지 않았는가?"를 묻기 전에, "어떻게 이런 상황에서도 버텨내고 있는가?"를 물어야 합니다. 조직과 동료는 피해자에게 생존을 증명하라고 요구할 것이 아니라 피해자의 고통을 이해할 준비가 되어 있어야 합니다.

사례 8) 난 더 한 일도 겪었어

"(2차 가해자)도 힘든 일 있었겠죠. 그래도 자기가 더 힘든 일 겪었다고, 내가 안 힘든 건 아니잖아요. … 엄살 피우고 떼쓰는 사람처럼 취급하는데."(피해자, 여성)

직장 내 괴롭힘이나 성희롱을 신고한 피해자가 마주하는 또 다른 고통 중 하나는 '나 때는 더했다'는 식의 반응입니다. 특히 연령대가 높은 직원들 사이에서는 과거 본인이 겪은 고된 경험을 기준 삼아 현재의 피해 사실을 평가절하하는 경향이 두드러집니다. 피해자의 고통을 축소하고, 정당한 문제 제기를 '예민한 행동'으로 치부하는 2차 가해에 해당합니다.

A. 사례자: 피해자/목격자

B. 피해자: 여성, 20대, 정규직 사원

C. 2차 가해자: 여성 다수, 40~50대, 선임급

D. 발생한 사건과 배경

피해자는 입사 후 여러 차례에 걸쳐 1차 가해자로부터 성희롱과 성추행을 당했습니다. 외부 거래처 담당자와 식사하는 자리에서는 접대부 역할을 강요받기도 했습니다.

피해자가 사건을 신고한 이후, 피해자와 함께 일해온 일부 여성 선임들이 피해자에게 접근하기 시작했습니다. 첫 번째 2차 가해자는 피

해자에게 "그 정도는 말로 좋게 해결할 수 있는 일이었는데 왜 일을 이렇게 키웠느냐"라며, 1차 가해자의 행동보다 오히려 신고 행위를 문제 삼았습니다. 두 번째 2차 가해자도 겉으로는 위로를 건네는 듯한 태도를 취했지만, 이야기의 끝은 항상 같았습니다. "나는 너보다 더 심한 일도 겪었지만 참았어"라는 말이었습니다. 위로의 말처럼 들릴 수도 있었지만, 실상 피해자의 경험과 고통을 평가절하하고, 개인의 인내심 문제로 돌리는 2차 가해였습니다. 세 번째, 네 번째 2차 가해자 역시 '우리도 다 그랬어', '사회생활이 그렇지 뭐' 등의 말을 하며 피해자의 피해 경험을 축소하거나 정상화하려 했습니다. 피해자가 조직 내에서 받는 시선은 점점 곱지 않아졌고, 어느새 피해자는 부서 내 '문제를 만든 사람'으로 낙인찍히는 듯한 분위기를 체감해야 했습니다.

E. 피해자 및 주변인에게 남겨진 영향

피해자는 1차 가해자로부터의 피해 자체도 심각했지만, 그보다 더 고통스러웠던 것은 2차 가해자들의 반복된 무시와 폄하, 조롱에 가까운 언행들이었습니다. 신고 이후 사측의 대응이 늦어져 피해자가 불안정한 상태에 놓여 있을 때, 오히려 함께 일해온 여성 선배들로부터 '그 정도 가지고', '그렇게까지 할 필요는 없지 않느냐'는 반응을 반복해서 들어야 했던 것입니다.

더 괴로웠던 점은, '같은 여성 선배'들이 오히려 자신의 고통을 가장 가볍게 여겼다는 사실이었습니다. 피해자는 "남성 선배들이 (성희롱에 대해) 생각 못 하는 건 그렇다 할 수 있었지만, 여성 선배들조차 공감해 주지 않는 건 배신감이 들었다"라고 말했습니다.

피해자는 회사가 어떤 조치를 했는지, 가해자에게 징계가 있었는지조차 확인하지 못한 채 회사를 떠났습니다. 사측은 진행 상황을 제대로 공유하지 않았고, 피해자가 먼저 회사를 떠나자 더 이상 관련 정보를 전달하지 않았습니다. 피해자는 "그 회사로부터 다시 연락받고 싶지도 않다"라고 말하며 고통스러운 기억을 단절하려고 했습니다.

F. 시사점

"난 더한 일도 겪었어"라는 말은 피해자의 상황을 공감하는 듯하면서도, 실은 피해자의 고통을 비교하고 축소하는 언어입니다. 이것은 과거에 자신이 겪었던 고통을 되풀이하지 않기 위한 연대가 아니라, 누군가의 피해를 '덜한 일'로 치부하며 참으라고 강요하는 또 다른 억압입니다.

피해자에게 과거형 기준을 강요할 것이 아니라, 지금 피해자가 겪는 고통을 정확히 인식하고 그에 맞는 실질적인 보호조치를 제공해야 합니다. 피해자는 '참을성이 부족해서'가 아니라, 더는 그런 가해행위가 용납되어서는 안 된다는 신념으로 신고한 것입니다. 그 용기가 부정당해서는 안 됩니다.

사례 9) 무슨 일이 있었어? 응?

"처음에는 고마웠죠. 다들 나 손가락질하는데 저 사람들만큼은 챙겨주니까. … 그 사람들한테는 그냥 흥밋거리인 거예요."(피해자, 여성)

피해자의 고통을 '챙겨주는 척', '걱정하는 척'하며 캐묻고 다니는 이들이 있습니다. 본인들은 피해자를 위한다고 착각하지만, 사실은 피해자의 사적 경험을 소비하고, 고통을 재현하게 만들며 회복을 방해하는

2차 가해입니다. 피해자가 회복을 위해 가장 필요로 하는 것은 '평범하게 지낼 수 있는 시간'이지, 동정의 시선과 계속되는 질문이 아닙니다.

A. 사례자: 피해자/목격자

B. 피해자: 여성, 연령 미공개, 정규직 신입사원

C. 2차 가해자: 여성, 40~50대, 다수의 선임급 여성 직원

D. 발생한 사건과 배경

피해자는 입사한 지 불과 몇 달 되지 않은 시점에 권력 있는 상사로부터 심각한 성희롱을 겪었습니다. 1차 가해자는 언론에도 종종 등장하는 전문가였고, 회사 내부에서는 손꼽히는 실세였습니다. 피해자가 정식으로 신고하자 회사는 빠르게 가해자를 보호하는 방향으로 대응했습니다.

신고 이후 피해자는 회사 내에서 점점 고립되어 갔습니다. 회사 분위기 자체가 "신입이 사고 쳤다"라는 식으로 돌아섰고, 그로 인해 피해자는 심리적으로 위축될 수밖에 없었습니다. 그런 와중에 여자 선배 몇 명이 다가와 "같이 밥 먹자", "힘들면 얘기해"라며 말을 걸어왔습니다. 피해자는 처음에는 누군가 나를 걱정해 주는 사람이 있다는 사실에 안도감을 느꼈다고 합니다.

하지만 2차 가해자들은 식사 자리에서나 대화 중에 계속해서 "무슨 일이 있었던 거야?", "그 사람이 (너한테) 뭐 했어?"라고 집요하게 물었습니다. 피해자는 그들이 걱정해 준다고 생각하여 조심스럽게 대답했

으나, 곧 자신의 대답이 다른 사람들의 입에 오르내리는 걸 알게 되었습니다.

시간이 지날수록 2차 가해자들의 수법은 더욱 교묘해졌습니다. 피해자를 볼 때마다 "안쓰러워서 그래", "요즘은 힘들지 않아?" 같은 말을 자주 건넸고, 마치 중환자 돌보듯 과잉 친절과 동정을 반복했습니다. 사내에서 마주치는 이들에게도 피해자가 겪은 피해 사실과 심리상태를 이야기하며 '걱정하는 좋은 선배'처럼 행동했지만, 사실은 그 자체가 또 다른 폭력이었습니다.

E. 피해자 및 주변인에게 남겨진 영향

2차 가해자들은 자신들의 행동이 전적으로 선의였다고 믿었지만, 정작 피해자에게는 회복을 방해하고 감정을 소비시키는 또 다른 가해행위였습니다. 사건 이후, 피해자는 혼자 조용히 일상을 회복할 수 있는 환경을 원했지만, 계속해서 들쑤셔지는 질문과 관심은 또 다른 부담이 되었습니다.

결국 피해자는 신체적, 심리적으로 한계에 다다랐고, 업무 중 갑작스럽게 울음을 터뜨리는 상황까지 겪게 되었습니다. 2차 가해자들은 "또 울었어?", "이건 PTSD 같아"라며 피해자를 정상적인 동료가 아닌 '정신적으로 문제가 있는 사람'처럼 취급했습니다. 더 이상 그들과의 관계를 유지하는 것이 불가능하다고 판단한 피해자는 퇴사를 선택하게 되었습니다.

퇴사 이후, 그 누구도 피해자에게 연락하지 않았습니다. 하지만 모순되게도 그 '과잉의 친절'이 멈췄을 때, 피해자는 비로소 진짜 회복의 시작을 경험할 수 있었다고 말했습니다.

F. 시사점

'위하는 척'하며 접근하는 2차 가해자의 존재는 가해자에 의한 피해만큼이나 피해자에게 지울 수 없는 상처를 남깁니다. 이들의 언행은 때로는 선의로 포장되지만, 실상은 피해자의 경험을 파헤치고, 소비하며, 또 다른 방식으로 피해자를 통제합니다.

피해자에 대한 진정한 배려란 그들의 회복을 방해하지 않고 존중하는 태도입니다. 알고 싶다고 달라붙을 것이 아니라, 곁에 있어주고 의지처가 되어주는 인내가 필요합니다.

사례 10) 잘 웃네? 진짜 당한 거 맞아?

"피해자라고 인정받으려면 웃어도 안 되나 봐요. 눈치 보고, 위축되어 있고, 말도 못 하고…. 그렇게 평생을 살 수는 없잖아요."(피해자, 여성)

피해자의 회복은 어느 한순간에 이뤄지지는 것이 아니며, 서서히 진행됩니다. 피해자는 완전히 회복되지 않았더라도 상황에 따라 웃을 수 있고 사람들과 어울릴 수 있습니다. 이런 회복의 과정조차 문제 삼는 사람들이 있습니다. '피해자답지 않다'는 이유로 피해 사실 자체를 부정하는 말은 피해자의 회복을 가로막는 또 다른 폭력이 됩니다.

A. 사례자: 피해자/목격자

B. 피해자: 여성, 연령 미공개, 일반직 사원

C. 가해자: 남녀, 연령 미공개, 입사 동기

D. 발생한 사건과 배경

피해자는 입사 직후부터 남성 선임으로부터 성희롱과 스토킹 피해를 겪었습니다. 계속 거절했지만, 부서장과 동료들은 "둘이 잘 어울린다"라며 오히려 부추겼습니다. 피해자가 주말에 친구를 만나고 돌아오면 1차 가해자로부터 "누구랑 있었냐?"라는 메시지를 받았습니다. 심지어 본가로 내려가는 길을 1차 가해자가 쫓아오는 일도 있었습니다.

피해자는 사측에 1차 가해자를 정식으로 신고했습니다. 사측은 신고 초기에는 적극적으로 조치를 취하지 않았고, 오히려 피해자를 조직에서 고립시켰습니다. 결국 피해자는 경찰에 별도로 신고했고, 수사 결과 1차 가해자의 스토킹이 인정되었습니다. 당시 법적 기준상 형량은 낮았지만, 경찰의 판단을 토대로 사측은 가해자에게 징계를 내리고, 피해자를 다른 부서로 이동시켰습니다.

새로운 부서에서 피해자는 안정을 되찾아 갔고, 조금씩 웃음을 되찾기 시작했습니다. 그러나 회사 입사 동기들과의 모임에서 발생한 상황이 또 다른 상처가 되었습니다. 모임 자리에서 웃으며 대화하던 피해자를 보고, 동기 중 일부가 "잘 웃네? 진짜 (스토킹) 당한 거 맞아?"라고 말한 것입니다.

E. 피해자 및 주변인에게 남겨진 영향

피해자는 삶의 여러 영역에서 심각한 상처를 입었습니다. 극심한 불안장애와 우울 증세를 겪었고, 사건 이후에도 여전히 1차 가해자와 마주칠 가능성이 있는 사내에서 두려움을 느끼며 살아가고 있습니다. 그래도 일상 속에서 웃음을 되찾는 데 애써왔습니다.

그러나 '웃는 모습' 하나로 자신이 겪은 고통을 부정당한 이 경험은 피해자에게 또 다른 깊은 상처로 남았습니다. 1차 가해자는 이미 징계가 끝난 뒤 회사 안을 아무렇지도 않게 돌아다니지만, 피해자는 여전히 그의 그림자에 위축된 채 살아가고 있습니다. 비슷한 외모나 목소리를 가진 사람만 보아도 온몸이 굳는 트라우마에 시달리고 있습니다.

F. 시사점

피해자가 피해 이후 삶을 온전히 회복하고, 다시 웃으며 일상으로 돌아가는 것은 치유의 과정입니다. 일부 2차 가해자는 이러한 회복의 징후를 "피해를 과장했기 때문"이라는 근거 없는 추측을 합니다. 피해자는 감정을 억제한 채 평생 '불쌍한 사람'의 이미지를 유지해야 할 의무가 없습니다. 웃을 수 있다고 해서 고통이 없었던 것은 아니며, 일상생활을 회복해 가는 모습이 피해를 부정하는 근거가 되어서는 안 됩니다.

피해자는 위축되어 있어야 한다는 편견은 깨어져야 합니다. 회복의 길에 있는 피해자에게 피해자다움을 강요하는 대신, 그 웃음을 함께 응원할 수 있는 조직문화가 절실히 필요합니다.

사례 11) 그렇게 똑똑한 사람이니까 이 정도는 할 수 있지?

"법 잘 알아서 신고도 척척 하는 사람이니까 이 정도 일은 할 수 있지 않냐 이러고 비아냥거리는데…. 공부 많이 했다고 다 인성 좋고 교양 있는 사람 아니구나…. 자기들끼리 끼리끼리 뭉쳐서 (1차 가해자)가 억울하게 신고당한 거처럼."(피해자, 여성)

직장 내 괴롭힘은 조직 내 인간관계 구조와 문화 속에서 점차 확산되거나 묵인되는 경우가 많습니다. 특히 우리나라처럼 학연·지연·혈연

인맥이 조직 내 영향력을 미치는 문화에서는 1차 가해자를 둘러싼 친분 네트워크가 2차 가해로까지 이어지는 일이 적지 않습니다.

A. 사례자: 피해자/목격자

B. 피해자: 여성, 연령 미공개, 사무직

C. 2차 가해자: 남녀, 40~50대, 가해자와 친분이 깊은 부서장 및 선임 직원들

D. 발생한 사건과 배경

피해자는 입사 초기부터 1년 이상 지속된 괴롭힘을 겪었습니다. 1차 가해자는 반복적으로 업무를 떠넘기고 인격 모독성 언행을 일삼았습니다. 피해자는 고심 끝에 사내 신고를 진행했지만, 회사의 대응은 미온적이었습니다. 정식 조사 없이 피해자에게만 부서 이동을 명령했습니다.

그런데 피해자의 새 부서장(첫 번째 2차 가해자)은 1차 가해자와 동향 출신이며 사적으로도 가까운 사이였습니다. 사측이 2차 가해의 환경을 조성한 셈이 된 것입니다. 발령 당일, 피해자가 인사를 위해 찾아갔을 때 2차 가해자는 "그렇게 똑똑한 사람이라면서요?"라는 말을 건넸습니다. 피해자에게 책임을 전가하는 비꼼의 시작이었습니다. 이후에도 2차 가해자의 조롱 섞인 말과 업무상 보복은 계속됐습니다. 까다로운 과제를 피해자에게만 몰아주었고, "똑똑한 사람이니까 이 정도는 할 수 있지?"라며 비아냥거리곤 했습니다.

또 다른 2차 가해자들은 피해자에 대한 음해성 소문을 퍼뜨렸습니다.

"쟤 그거야 그거"라는 식으로 피해자에게 문제 행동이 있었던 것처럼 암시적인 표현을 사용하며 다른 직원들에게 피해자의 부서 이동을 낙인처럼 언급했습니다. 심지어 몇몇은 피해자를 직접 찾아와 "괜히 일을 키웠다", "그 정도 일은 그냥 넘길 수도 있었던 것 아니냐"라며 나무랐습니다.

업무 스트레스와 헛소문으로 인한 스트레스가 겹치면서 피해자는 사무실에서 쓰러졌고, 응급실에 실려 갔습니다. 회복 후 복귀한 날, 첫 번째 2차 가해자는 "자기 관리도 못 하느냐"라며 피해자를 질책했습니다. 이후 피해자의 존재 자체를 무시하는 방식으로 괴롭힘이 이어졌습니다. 인사를 받아주지 않고, 회의 중 발언을 무시하거나 말을 끊는 식이었습니다.

E. 피해자 및 주변인에게 남겨진 영향

피해자는 이미 한 차례 신고와 부서 이동을 경험한 상태였기 때문에 또다시 신고를 하거나 다른 부서로 옮겨달라고 요구하는 것을 극도로 꺼려했습니다. 두 번의 이동은 곧 '문제를 일으키는 직원'이라는 낙인이 될 수 있다는 불안감 때문이었습니다. 새로 배치된 부서는 2차 가해자의 영향력이 강했고, 팀 내 다른 구성원들도 그에게 반기를 들지 못하는 분위기였습니다.

다행히 몇 개월 후, 2차 가해자가 다른 부서로 자리를 옮기면서 피해자의 부서 생활은 다소 안정되었습니다. 그러나 그동안 신체적·심리적으로 입은 피해는 오래 남았고, 피해자는 여전히 조직 생활을 원만하게 하고 있지는 못하다고 진술했습니다.

F. 시사점

이번 사례는 피해자를 소외시키고 낙인찍는 방식으로 2차 가해가 작동하는 구조를 보여줍니다. 정식 조사는 생략한 채 문제를 '봉합'하려는 사측의 태도, 그리고 가해자와 친분 있는 직원들이 무비판적으로 가해자의 입장만 받아들이며 피해자를 음해하는 행위가 결합되면, 피해자는 어디에도 기댈 곳이 없는 고립 상태에 놓이게 됩니다.

1차 가해자의 지인이 2차 가해자가 되는 것은 집단주의가 잔재하는 우리나라에서 비교적 흔하게 발생하는 사례입니다. 특히 본 사례처럼 업무 지시를 수단으로 한 2차 가해는 감정의 표출보다 교묘하고, 객관적인 증거를 포착하기 어렵습니다. 그만큼 더 악질적입니다.

이러한 상황을 방치하거나 만들어 낸 조직(회사)의 부주의한 인사 배치도 비판의 대상이 되어야 합니다. 2차 가해를 예방하기 위해선 단순히 가해자와 피해자를 분리하는 데 그치지 않고, 직원 간의 연결 구조와 비공식 권력관계까지 고려한 보호 대책을 마련해야 합니다. 신고 이후의 환경이 피해자를 고립시키거나 억압하지 않도록 체계적인 관리와 감시가 병행되어야 할 것입니다.

④ 1차 가해자의 2차 가해

사례 1) 너 명예훼손 신고해 버릴 거야

"우리나라는 당한 사람이 그냥 입 다물고 있어야 하는 나라예요. 내가 피해자라고 호소하면 그게 사실이라도 명예훼손이 된다는 거…."(피해자, 여성)

괴롭힘 피해를 신고한 피해자에게 1차 가해자가 가할 수 있는 2차 가해 중 하나는 명예훼손 신고를 언급하며 위협하는 행위입니다. 특히 우리나라는 '사실적시 명예훼손'도 처벌 대상이 될 수 있습니다. 명백한 피해자인데도 명예훼손으로 고소당할 수 있다는 점은 피해자에게 큰 심리적 위협이 됩니다.

A. 사례자: 피해자/목격자

B. 피해자: 여성, 30대, 사무직

C. 1차/2차 가해자: 남성, 50대, 직속 상급자

D. 발생한 사건과 배경

피해자는 오랜 기간 직속 상사의 반복적인 갑질과 비리 행위에 시달려 왔습니다. 가해자는 회사 공금을 사적으로 유용했고, 그 내역을 숨기기 위해 피해자와 동료 직원들에게 허위 서류 작성을 지시했습니다. 피해자는 이에 대한 기록과 증거를 수집한 뒤, 사내 신고 절차를 통해 가해자의 행위를 정식으로 신고했습니다.

신고 이후, 가해자는 피해자에게 개인적으로 메시지를 보내기 시작했습니다. "허위 사실을 유포했다"라며 명예훼손으로 고소장을 접수하겠다부터 시작해서 "경찰로부터 연락받지 않았느냐"라는 압박성 문장을 수차례 보냈습니다.

사실적시 명예훼손도 인정되는 법령은 피해자에게 불리하게 작용했습니다. 법에 대한 지식이 부족했던 피해자는 혹시라도 자신이 형사 처

벌을 받는 것은 아닐지 걱정하며, 극도의 심리적 스트레스를 받았습니다. 무엇보다 이미 피해자로서 신고한 상태에서 법을 악용한 가해자의 위협은 피해자를 압박하는 2차 가해에 해당했습니다.

E. 피해자 및 주변인에게 남겨진 영향

명예훼손 고소 사실을 알린 날부터 피해자는 불안에 시달렸습니다. 당장 경찰로부터 연락이 올까 봐 핸드폰을 손에서 놓지 못했고, 메시지나 전화벨 소리에 예민하게 반응했습니다. 경찰이 전혀 연락하지 않는다는 사실을 깨닫기 전까지 두 달간 피해자는 정신적 고충에 시달렸습니다.

이 사건은 피해자가 정당한 권리 행사를 했음에도 불구하고, 법을 악용한 가해자의 협박으로 극도의 불안을 경험하게 된 2차 가해 사례입니다. 신고 협박 이후 그 진위를 확인하기까지 피해자의 심리적 안정성은 크게 훼손됐습니다.

F. 시사점

1차 가해자가 피해자를 상대로 법적 대응을 시사하거나 실제로 고소하는 행위는 2차 가해가 될 수 있습니다. 특히 고의로 피해자를 위축시키거나 침묵하게 만들기 위한 목적이 개입된 경우, 이는 '법적 권리 행사'를 넘어 권력형 보복 수단으로 해석해야 할 것입니다.

피해자 보호는 단순히 물리적 분리나 조사 착수에 그치지 않습니다. 피해자의 권리 행사를 위축시키지 않는 정서적·법적 보호 장치의 마련이 병행되어야 합니다. 명예훼손 고소를 빌미로 한 보복적 2차 가해는 제도적으로 차단될 필요가 있습니다.

사례 2) Never-ending 2차 가해

"저렇게까지 (1차 가해자를) 보호해 주는 게 가능한 거구나…. 저 사람만 중요하고 우린 보호할 대상도 아닌 거죠. 회사한테는."(피해자, 여성)

본 사건의 1차 가해자이자 2차 가해자는 성희롱, 성추행, 폭언, 폭력… 다양한 형태의 괴롭힘으로 여러 차례 신고되었음에도, 한 번도 경고나 징계를 받은 적이 없었습니다. 한 명의 피해자만이 아니라, 남녀노소 다양한 피해자들이 동시다발적으로 같은 인물에게 괴롭힘을 당했음에도 불구하고, 사측은 이 모든 상황을 외면하거나 방조했습니다. 가해자에 대해 철저히 관대했고, 오히려 신고자들에게 2차 가해가 이어졌습니다.

A. 사례자: 피해자/목격자, 피해자 다수, 그중 한 명이 대표로 제보

B. 피해자: 남녀, 20~50대, 계약직과 정규직 포함

C. 2차 가해자: 남성, 50대, 정규직이자 고위직

D. 발생한 사건과 배경

해당 가해자는 수년간 조직 내부에서 성희롱, 성추행, 폭언, 폭력 등 다양한 괴롭힘 행위를 저질러 왔습니다. 피해자들은 남녀, 20대에서 50대까지 광범위했으며, 피해 유형도 각기 달랐습니다. 가해자는 반복적으로 회사에 정식 신고되었지만, 단 한 번도 징계나 경고 처분을 받은 적이 없었습니다. 사측은 신고가 접수될 때마다 피해자-가해자 분

리조치조차 하지 않았습니다. 형식적으로 조사를 진행하거나, 심지어 조사도 없이 사건을 무마하기 바빴습니다.

사측의 보호 아래서 가해자의 2차 가해가 반복되었습니다. 신고한 피해자에게는 '배신자' 낙인을 찍으며 음해했습니다.

"내가 예뻐하고 챙겨줬는데 배신하고 다른 부서로 갔다."

"원래 정신적으로 문제가 있던 애다."

"허위신고다. 다른 사람들이랑 짜고 음모를 꾸민 거다."

회사 전체 직원에게 이메일을 보내 자신이 억울하게 가해자로 몰렸다는 주장을 펼치기도 했습니다. 이에 대해 노조가 반박하는 대자보를 게시하자, 가해자는 다시 자신의 억울함을 호소하는 대자보를 또 다른 게시판에 부착했습니다.

피해자들이 점점 많아지고 있었지만, 회사는 그 어떤 중재 조치나 관리 감독도 하지 않았고, 가해자의 이런 반복적인 2차 가해를 사실상 묵인하고 있었습니다.

E. 피해자 및 주변인에게 남겨진 영향

피해자들은 한 번의 피해로 끝나는 것이 아니라, 신고 이후 이어지는 2차 가해와 낙인, 그리고 보복에 가까운 언행으로 정신적 상처를 입었습니다. 피해자 일부는 퇴사를 결정했고, 일부는 부서를 옮기거나 정신과 치료를 받아야 했습니다.

조직 내에서 해당 가해자는 여전히 영향력을 행사하며, 사측은 그와의 친분이나 내부 권력 구조를 고려해 불문에 부치기를 선택했습니다. 피해자들뿐 아니라 이를 지켜본 동료들 역시 신고가 보호받지 못하는 조직 분위기에 좌절했습니다. "신고해 봤자 본인만 손해"라는 인식이 퍼지게 되었습니다.

F. 시사점

이 사례는 시스템적인 무대응과 반복적 2차 가해가 피해를 증폭시키는 구조적 문제를 보여줍니다. 가해자의 권력과 영향력이 견제되지 않은 상태에서 조직은 신고자 보호라는 원칙을 사실상 포기했습니다. 또한 가해자 중심의 문화는 신고한 사람에게 '배신자' 프레임을 씌웠고, 이런 프레임이 피해자의 회복과 존엄성을 훼손하는 이중의 폭력으로 작용했습니다. 괴롭힘과 2차 가해가 반복되었음에도 사측이 실질적 조치를 취하지 않은 것은 명백한 사건 방치이자 직무 유기였습니다.

신고가 무력한 제도가 아닌, 실질적인 권리 보호의 수단이 되기 위해서는 이러한 조직의 무관심과 회피적 태도가 반드시 개선되어야 할 것입니다. 가해자에 대한 관리 감독 강화, 신고자 보호조치의 실질적 이행, 그리고 2차 가해에 대한 명확한 징계 조항 마련 등이 시급히 요구됩니다.

4. 2차 가해에 대한 둔감성이 주는 시사점

2차 가해는 직장 내 괴롭힘 사건에서 결코 예외적이거나 부차적인 문제가 아닙니다. 오히려 많은 경우 1차 가해보다도 피해자의 회복력을 심각하게 무너뜨리는 결정적인 원인이 됩니다. 그러나 2차 가해를 저지르는 사람들 대부분이 본인이 가해자라는 인식을 하지 못합니다. '나는 가만히 있었을 뿐', '그냥 내 의견을 말했을 뿐', '농담이었다', '사람마다 보는 시각이 다르다', 이런 말과 태도는 피해자에게 정서적 고통을 안기는 방관과 무책임의 언어일 수 있습니다.

또한 2차 가해는 '도와주려는 마음에서' 시작되거나, '객관적인 시각'을 가장하는 중립의 태도로 포장되기도 합니다. 그러나 피해자의 동의 없이 퍼지는 탄원서, 피해자가 원하지 않는 회유나 조언, 맥락 없는 가해자 용서 강요는 피해자의 의사와 회복의 속도를 전혀 고려하지 않은 또 다른 형태의 침해입니다. '피해자는 이래야 한다'는 이상적 피해자 이미지 강요, 피해자의 회복 시도에 대한 의심과 비난, '양쪽 말 다 들어봐야 한다'는 태도도 피해자를 더욱 고립으로 몰아넣습니다.

2차 가해를 막는 일은 괴롭힘 사건의 진정한 해결을 위한 마지막 관문이자, 조직 전체의 성숙도를 가늠하는 기준이 됩니다. 피해자에게 또 다른 고통을 안기지 않기 위해, 우리 모두가 가해자가 될 수 있음을 잊지 말아야 합니다.

피해자의 착각:
피해자니까 뭘 해도 괜찮아

직장 내 괴롭힘 문제를 다룰 때, 하나의 사건에서 피해자로 확인된 사람을 계속 피해자로만 보려고 하는 사람들이 있습니다. 그러나 실제 현장에서는 피해자였던 인물이 시간이 지나면서 또 다른 피해자에게 가해자가 되는 사례들도 적지 않게 발견됩니다. 이른바 '피해자의 가해화'입니다. 해외에서는 피해자의 가해화를 조사한 연구들이 있으며, 피해자이자 가해자인 사람을 일컫기 위해 Bully Victim이라는 용어를 사용하고 있기도 합니다.[30][31][32]

괴롭힘을 당한 경험이 있는 사람일수록 이후에 공격적 성향이나 통제 욕구, 냉소적 대인 태도를 보일 가능성이 높습니다. 우리나라에서도 피해자의 공식 신고 전후 불안정한 정서 상태 속에서 동료에게 날을 세우거나 비난성 발언을 하며 상처를 주는 사례들이 확인되고 있습니다.

이제부터는 이러한 '피해자의 가해화'가 어떤 배경에서 발생하는지, 그리고 어떤 양상으로 드러나는지를 구체적인 사례를 통해 살펴보고자 합니다. 피해자의 고통이 새로운 피해로 이어지지 않도록, 조직이 어떤 책임과 태도를 가져야 할지 함께 고민해 보는 시간이 될 것입니다.

혼란을 막기 위해, 본래 피해자였으나 가해자가 된 사람은 앞에 B(bully)를 붙인 'B피해자'로, 그들로 인해 피해자가 된 사람을 '피해

---

30) Baillien, E. (2012). *The bullied who bullies: the reciprocal relationship between victim and aggressor in workplace bullying situations.* Psicothema.

31) Moreno, B. (2015). *Reciprocal relations between workplace bullying, anxiety, and vigor: a two-wave longitudinal study.* Anxiety, Stress, Coping. Informa UK Limited.

32) Coyne, I., Craig, J., & Smith-Lee Chong, P. (2004). Workplace bullying in a group context. *British Journal of Guidance & Counselling*, 32(3), pp. 301-317.

자'로 칭하도록 하겠습니다. 또한 1차 가해자였으나 B피해자의 과도한 요구로 오히려 피해자로 여겨지게 된 사람은 V(victim)을 붙여 'V가해자'로 칭하겠습니다.

1. 신고 이전 단계 피해자의 가해화

이 사례는 신고를 꺼리는 피해자의 감정이 어떤 구조로 조력자에게 전이될 수 있는지를 보여줍니다. 신고 이후에 겪을 일을 두려워하는 피해자의 심정은 누구나 공감할 수 있습니다. 하지만 이 두려움이 주변인에게 부당한 책임을 전가하는 방식으로 이어진다면, 피해자 본인의 회복을 방해할 뿐만 아니라 다른 사람들에게도 고통을 주게 됩니다.

사례 1) 원하는 건 동료들의 위로뿐

"우리도 사람이잖아요. 한두 번이야 하소연하는 거 들어주고 동정해 주고 할 수 있죠. 1년 넘도록 신고도 안 하면서 계속 그러는 건 우릴 감정 쓰레기통으로 보는 거 아닌가요?"(피해자, 여성)

직장 내 괴롭힘 피해자는 종종 오랜 시간 깊은 상처를 안고 살아갑니다. 본 사례의 B피해자 역시 직속 상사에게 반복적인 괴롭힘을 당했으며, 동료들(피해자)도 그 고통을 잘 알고 있었습니다. 처음 동료들은 B피해자를 위로하며 신고를 권했고, 대신 신고해 주겠다는 제안도 했습니다. 하지만 B피해자는 신고하지 않았고, 이후에도 자신의 피해 경험을 반복해서 이야기했습니다. 대화를 다른 주제로 돌리려 해도 결국 다시 본인의 피해 얘기로 이어졌습니다. 이 상황이 수개월 이상 지속되면서 동료들은 점차 정서적으로 지치고 거리를 두게 되었습니다.

이 사례는 피해자의 고통을 폄하하려는 것이 아닙니다. 오히려 피해자의 회복에는 전문적인 지원이 필요하다는 점을 보여줍니다. 전문성도 없는 주변 사람들에게 반복적으로 하소연하는 것은 그들에게 큰 정서적 부담이 되며, 결국 관계에 균열을 일으킬 수 있습니다.

A. 사례자: 피해자/목격자

B. 피해자: 남녀 다수, 30~40대, 정규직, B피해자와 같은 부서에서 함께 일하던 동료

C. B피해자: 여성, 30대, 정규직, 처음에는 피해자였으나, 점차 동료들에게 정서적 고통을 주는 가해자가 된 상황

D. 발생한 사건과 배경

B피해자는 수년간 직속 상사에게 괴롭힘을 당했고, 동료들(피해자)도 그 심각성을 인지하고 있었습니다. 피해자들은 신고를 권하거나 위로를 아끼지 않았으며, 그중 하나는 직접 신고를 대신해 주겠다고도 했습니다. 그러나 B피해자는 신고하지 않았고, 계속해서 자신의 피해 경험을 반복적으로 언급하곤 했습니다. 동료들 간의 대화가 다른 방향으로 전개될 때도 불쑥 다시 본인의 피해 경험에 대한 이야기로 말을 돌리곤 했습니다. 이런 상황이 수개월 정도를 넘어 1년 이상 계속되었습니다. 동료들은 점차 피로감을 느끼게 됐습니다.

E. 피해자(또는 피해자 가족)의 대응

피해자들은 동료들은 처음에는 적극적으로 B피해자를 지지하고 위로했습니다. 하지만 반복적인 감정 토로에 지쳐갔고, 결국 정서적 거리를 두게 되었습니다. 점심시간만이라도 편안한 얘기를 하고 싶다는 생각에 피해자와 식사하기를 피하거나, 함께 식사할 때도 자연스럽게 말을 돌리는 등 조심스럽게 선을 긋게 되었습니다.

F. 조직 내부의 대응

이 사건은 공식적인 괴롭힘 사안으로 인식되지 않았기 때문에, 조직 차원의 개입이나 중재는 없었습니다. B피해자의 정서적 회복을 위한 상담 지원이나 조치는 이루어지지 않았습니다.

G. 외부 기관의 대응

외부 기관의 신고나 개입은 없었습니다.

H. B피해자의 반응

B피해자는 동료들이 피로해하는 것을 자각하지 못했습니다. 오히려 "이젠 너네도 나 따돌리는 거냐"라며 동료들에게 소리치기도 했습니다. 자신의 언행이 다른 이들에게 부담이 되었음을 인식하지 못했습니다.

I. 피해자 및 주변인에게 남겨진 영향

피해자들은 정서적으로 지쳤고, 본인의 감정을 보호하기 위해 관계에 선을 긋는 등 방어적인 태도를 취하게 되었습니다. 이후 유사한 상황이 발생했을 때에는 피해를 호소하는 사람에 대한 동정조차 느끼지 못하게 되었다고 합니다.

J. 시사점

이 사례는 피해자 중심주의가 관계 안에서 어떤 방식으로 오용될 수 있는지를 보여줍니다. 동료들은 피해자의 심리적 회복에 도움을 줄 수는 있지만, 무기한 감정노동을 감내할 의무가 없습니다. 피해자라는 이유로 동료들마저 정서적으로 소진되게 하지 않도록 피해자로서도 지켜야 할 선이 있습니다.

또한 조직은 피해자의 회복을 위한 전문적인 지원 체계를 마련함과 동시에, 주변 동료들이 과도한 정서적 부담을 지지 않도록 해야 합니다. '피해자였던 가해자'의 사례는 언제든 발생할 수 있으며, 예방을 위해서는 감정 공유의 방식과 경계를 성찰적으로 돌아보는 노력이 필요합니다.

사례 2) 난 아무것도 안 할 거야. 그래도 가해자를 멈춰 줘

"(B피해자)는 익명으로 있고 싶고, 그러면서 저한테 가서 가해자를 멈춰달라고 하면 제가 뭘 할 수 있겠어요?"(피해자, 여성)

직장 내 괴롭힘 피해자는 흔히 신원이 드러나는 것을 극도로 꺼립니다. 본 사례의 B피해자도 마찬가지였습니다. 그러면서도 B피해자는 피해자가 대신 가해자에게 가해행위를 멈추라고 말해주길 원했습니다. 그러나 구체적 피해 사실도 모르는 상황에서 가해자에게 "멈추라"라고 말하는 것은 실무적으로도 불가능했습니다.

A. 사례자: 피해자/목격자

B. 피해자: 여성, 40대, 정규직, B피해자가 상담을 요청한 당사자

C. B피해자: 여성, 30대, 정규직, 본인은 완전한 익명성 뒤에 숨은 채 다른 사람이 가해자를 막아주기만 바란 경우

D. 발생한 사건과 배경

B피해자는 피해자에게 몇 차례에 걸쳐 상담을 요청했으며, 그 과정에서 본인의 신원이 밝혀지지 않기를 강하게 원했습니다. 정식 신고는 하지 않았고, 구체적인 피해 내용 역시 공유하지 않았습니다. 다만, 고충처리위원인 피해자가 본인을 대신해 가해자에게 찾아가 가해행위를 중단하라고 말해주길 요구했습니다. 피해자는 상황의 난점과 절차적 한계를 설명했으나, B피해자는 "고충처리위원이 도와주지 않는다"라는 식으로 원망을 표출했습니다.

E. 피해자(또는 피해자 가족)의 대응

피해자는 고충처리위원으로서 할 수 있는 역할의 범위와 한계를 설명했지만, B피해자의 요구는 계속되었습니다.

F. 조직 내부의 대응

조직은 신고가 정식으로 접수되지 않았기 때문에 공식적인 절차를 진행하지 않았습니다. 그 결과 개입 여지도 매우 제한되었습니다.

G. 외부 기관의 대응

외부 기관에 신고되거나 관련 조력이 요청된 적은 없었습니다.

H. B피해자의 반응

B피해자는 피해자가 도와주지 않는다며 원망했습니다. 정식 신고도 없이, 고충상담위원에게 일방적으로 가해자를 찾아가 가해행위를 중단하도록 해달라고 하는 것이 얼마나 부당한 요구인지도 생각하지 못했습니다. B피해자는 고충처리 과정에 실망감을 표했습니다.

I. 피해자 및 주변인에게 남겨진 영향

피해자는 정식 권한 없이 중재를 요구받으며, 본인의 한계에 대한 죄책감과 무력감을 동시에 경험하게 되었습니다.

J. 시사점

본 사례는 피해자의 익명 보호 요구와 실무적 한계 사이의 딜레마를 보여줍니다. 피해자의 두려움은 존중되어야 하지만, 아무런 정보도 없이 제3자에게 개입을 요구하는 것은 현실적으로 불가능하며, 조력자에게 또 다른 부담이 됩니다.

피해자의 익명성을 보호하면서도 개입할 수 있는 제도적 장치를 만드는 건 조직의 역할이지, 고충상담위원 개인이 할 수 있는 일이 아닙니다. 피해자가 본인을 전혀 드러내지 않은 채, 고충상담위원 개인에게 가해자를 막아달라고 하는 것은 엄연히 부당한 요구입니다. 조직이 움직이게 하려면 피해자도 정식으로 신고하고, 조사에 참여할 준비가 되어 있어야 합니다.

2. 신고 접수 및 처리 단계 피해자의 가해화

신고 접수와 처리 단계에서 피해자가 주변에 과한 요구를 하거나, 배려를 기대하는 일도 생각 외로 적지 않습니다. 고충처리위원이나 조사관, 노무사, 변호사도 할 수 있는 일에는 한계가 있습니다. 그들이 그런 역할이나마 다하기 위해서는 먼저 피해자가 피해자의 역할을 해줄 수 있어야 합니다.

사례 1) 내 말을 못 믿겠다는 거예요?

"(B피해자가) 무슨 일을 겪었는지 알아야 저도 보고하고 사건 처리를 할 수 있잖아요? 무작정 억울하고 힘들었다고 막 쏟아내곤 '알아서 정리해 주세요' 하면 제가 뭘 할 수 있나요?"(피해자, 여성)

신고 접수 단계에서 피해자가 피해 상황을 구체적으로 정리해 제출하는 경우는 그리 많지 않습니다. 이 때문에 절차상 피해를 인정받는데 어려움을 겪기도 합니다. 본 사건의 B피해자도 마찬가지였습니다. 그리고 체계적으로 정리할 것을 조언하는 고충처리위원에게 화풀이하듯 분노를 쏟아냈습니다.

A. 사례자: 피해자/목격자

B. 피해자: 여성, 40대, 고충처리위원

C. B피해자: 여성, 40대, 정규직, 1차 피해자였으나, 본인의 감정을

통제하지 못하고 제3자에게 과도하게 분노를 표출하며 또 다른 피해를 발생시킨 경우

D. 발생한 사건과 배경

피해자는 사내 고충처리위원으로 다년간 활동했으며, 경험상 피해자들이 실제 발생한 사건을 잘 설명하지 못해 피해를 인정받지 못한다는 걸 잘 알고 있었습니다. 따라서 상담을 신청한 피해자(B피해자)에게 향후 진행에 도움이 될 수 있도록 기억나는 내용을 차분히 정리해 보는 것이 좋겠다고 권했습니다. 하지만 B피해자는 곧바로 "제 말을 못 믿겠다는 거예요?"라며 강한 불쾌감을 표했고, 이후 고충처리위원을 2차 가해자로 신고했습니다.

특히 이 사건에서 눈에 띄는 점은 정작 1차 가해자에 대한 정식 신고나 조치는 끝내 이루어지지 않았다는 사실입니다. B피해자의 분노는 1차 가해자가 아니라, 자신에게 현실적 한계를 설명한 고충처리위원에게 집중되었고, 본래 사건보다 2차 갈등이 더 크게 부각되고 말았습니다.

B피해자가 이러한 반응을 보인 이유에는 다음과 같은 맥락이 자리하고 있습니다. 1차 가해자는 B피해자에게 있어 매우 위협적인 존재이며, 정면으로 맞서기 어렵습니다. 직접적인 분노의 대상을 향해 목소리를 내기 어려운 상황에서는 상대적으로 '만만한' 제3자에게 분노를 표출하기도 합니다.

물론 고충처리 담당자도 B피해자의 심리 상태에 대한 이해와 감수성을 갖출 필요가 있습니다. 하지만 본 사례처럼 B피해자가 상담의 본래 목적을 벗어난 방식으로 분노를 쏟아내면 아무리 높은 감수성을 갖고 있어도 대응하기 어렵습니다.

E. 피해자(또는 피해자 가족)의 대응

피해자는 B피해자의 격한 반응에 놀라지 않을 수 없었습니다. B피해자의 신고를 처리하기 위해서는 구체적인 증언 내용이 필요합니다. 당연히 필요한 정보를 요청한 것인데 의심당한다고 주장하는 B피해자의 반응을 이해할 수 없었습니다.

F. 조직 내부의 대응

B피해자의 2차 가해 신고에 따라 조직 내부적으로 해당 고충처리위원의 대응 방식에 대해 검토가 이루어졌습니다. 다만 실제로는 명백한 절차적 안내였다는 점에서 추가적인 조치 없이 마무리되었습니다.

G. 외부 기관의 대응

외부 기관에 대한 신고는 없었습니다.

H. B피해자의 반응

B피해자는 피해자의 안내에 대해 강하게 반발하고 문제 삼는 방향으로 대응했습니다. 피해자에 대한 항의와 함께 2차 가해 신고를 했습니다. 1차 가해자에 대한 정식 문제 제기는 하지 않았습니다.

I. 피해자 및 주변인에게 남겨진 영향

피해자는 이후 유사한 상황에서 조언을 하거나 질문을 던질 때 더 조심스러운 태도를 취하게 되었습니다. 본 사례의 피해자뿐만 아니라 다른 고충상담위원도 상담 과정에서 위축되거나, 부담을 느끼게 된다고 진술하기도 했습니다.

J. 시사점

본 사례는 피해자의 감정적 반응이 왜곡된 방향으로 작동할 수 있음을 보여줍니다. 피해자가 느끼는 불안과 분노는 타당한 감정이지만, 이를 표출하는 방식이 무고한 제3자를 향한다면 조직 내 지원 체계의 신뢰 자체가 흔들릴 수 있습니다.

고충처리 체계는 정서적 위로만이 아닌, 사실 확인과 절차적 조치가 필요한 영역입니다. 이 과정을 이해하고 받아들이기 위한 피해자의 준비가 필요하며, 조직 차원에서도 사전 안내 및 교육이 함께 마련되어야 합니다. 피해자 중심의 접근은 감정의 수용뿐 아니라 절차적 균형 속에서 이루어져야 하며, 이를 통해 모두가 신뢰할 수 있는 보호 체계를 구축할 수 있습니다.

사례 2) 내가 당신 비서인 줄 아세요?

노조나 조합 임원이 직장 내 괴롭힘 피해자를 적극적으로 돕는 사례는 곳곳에서 찾아볼 수 있습니다. 다만, 피해자의 요구가 지나치게 반복적이거나 비현실적인 수준으로 이어질 경우, 이들의 지지 또한 점차 약해질 수 있습니다. 본 사례는 그런 과정을 보여주는 전형적인 경우입니다.

A. 사례자: 피해자/목격자

B. 피해자: 남성, 40대, 정규직

C. B피해자: 여성, 50대, 정규직, 본래 괴롭힘 피해자였으나, 자신을 도우려는 이에게 과도하고 부적절한 요구를 반복하면서 또 다른 갈등을 유발함

D. 발생한 사건과 배경

사건 초반, 조언자 역할을 맡은 노조 측 임원(피해자)은 피해자(B피해자)를 돕기 위해 적극적으로 움직였습니다. 사측에 항의하며 조치를 요구했고, B피해자 보호를 위한 내부 논의도 주도했습니다. 그러나 B피해자는 피해자에게 반복적으로 전화를 걸며 마치 지시하듯, 따지듯 행동하기 시작했습니다. "이건 왜 아직도 안 됐느냐", "지금 당장 이것부터 처리해 달라"라는 식의 말이 이어졌습니다.

문제는 B피해자의 요구가 단순히 많다는 데 있지 않았습니다. 피해자의 현실적 권한을 넘어선 요청도 많았고, 그 요구를 전달하는 방식 역시 일방적이거나 감정적인 경우가 잦았습니다. 시간이 지나면서 노조 내부에서도 이 상황에 대한 피로감이 누적되었고, 결국 "내가 당신 비서인 줄 아느냐"라는 말이 피해자 입에서 나오게 되었습니다.

B피해자는 진심으로 도와주려 했던 피해자의 감정과 입장을 생각하지 않았습니다. 그가 피해자를 '본인을 대신하여 일 처리해 줄 사람'쯤으로 여긴 듯한 태도는 결국 피해자의 의욕을 꺾는 결과로 이어졌습니다. 이로 인해 노조 전체의 대응도 점차 소극적인 방향으로 바뀌게 되었습니다.

E. 피해자(또는 피해자 가족)의 대응

B피해자는 상황이 진전되지 않거나 본인의 기대에 미치지 못할 때마

다 피해자의 책임을 묻는 태도를 보였습니다. "왜 아무것도 해주지 않느냐"라는 식의 불만을 표현했고, 피해자의 부담은 시간이 지날수록 가중되었습니다. 노조는 B피해자의 요구가 지나치다는 판단을 하게 되었고, 사건 대응에 대한 내부 의욕도 점차 낮아졌습니다. 실질적인 대응 속도나 공정한 사건 처리를 위해 사측에 가하는 압박 역시 감소했습니다.

F. 조직 내부의 대응

사측은 B피해자의 사건에 대해 소극적이었고, 오히려 가해자를 보호하는 듯한 태도를 보였습니다.

G. 외부 기관의 대응

외부 기관의 개입은 없었습니다.

H. B피해자의 반응

B피해자는 자신의 요구 방식이 피해자에게 감정적인 부담이 되었음을 자각하지 못한 상태였습니다. 오히려 "도움 준다더니 아무것도 해준 게 없다"라는 말을 주변에 하고 다녔습니다.

I. 피해자 및 주변인에게 남겨진 영향

피해자를 포함한 노조 측은 사건 대응 과정에서 정서적으로 지친 상태가 되었으며, 이후 유사 사례에 대해 적극적으로 개입하는 데 조심스러운 태도를 보이게 되었습니다. 일부 노조 임원은 향후 신고인에 대한 조언자 역할을 맡는 데에 부담감을 드러내기도 했습니다.

J. 시사점

본 사례는 피해자가 도움을 요청하는 과정에서도 관계의 균형이 필요하다는 점을 보여줍니다. 지지는 일방적으로 요구하거나 강제할 수 있는 것이 아닙니다. 피해자의 고통은 존중되어야 하지만, 그것이 타인의 의욕과 감정까지 소진시켜도 된다는 뜻은 아닙니다. 도와주려는 사람을 동등한 협력자로 존중하지 않으면, 결국 그 관계는 무너지고 지원 체계는 약화됩니다. 피해자가 감정적으로 지친 상태일수록 '요구하는 방식'에 대한 성찰과 균형 감각이 더욱 중요해지는 이유입니다.

3. 사건 처분 이후 단계 피해자의 가해화

사건 처분 이후, 즉 괴롭힘 피해가 인정되고 가해자에 대한 조치가 이뤄진 다음에 발생하는 피해자의 가해화 사례입니다. 앞의 사례 못지않게, 심지어 그 이상으로 피해자가 주변에 고통을 준 사례가 확인되고 있습니다.

사례 1) 가해자와 얼굴도 마주칠 일 없게 해주세요

"(V가해자)가 잘못하긴 했었죠. 그래도 5년 넘게 회사에 출근도 못하게 하는 건 너무 하잖아요. 출근을 못 하니까 업무도 제대로 안 되고, 승진에서도 밀리고. 동료들은 진작 다 승진했는데 후임들한테까지 밀리고 있거든요."(목격자, 여성)

직장 내 괴롭힘 사건이 발생한 이후, 조직은 피해자 보호를 위한 조치를 마련해야 합니다. 하지만 그 과정에서 또 다른 불균형이 발생할 수 있다는 점도 함께 고려되어야 합니다. 징계나 후속조치가 반드시 '피해자 중심'으로만 설계되어야 한다는 생각은 때로 가해자의 인권을 과도하게 침범하는 문제를 낳기도 합니다.

A. 사례자: 피해자/목격자

B. V가해자: 남성, 40대, 정규직, 본래 1차 가해자였으나, 그에 대한 분리 조치가 과도하게 장기화되면서 피해자로 여겨지게 됨

C. B피해자: 여성, 30대, 정규직, 본래 1차 피해자였으나, 과도한 분리조치 요구로 인해 가해자로 여겨지게 됨

D. 발생한 사건과 배경

괴롭힘 피해를 인정받은 B피해자는 V가해자와의 분리조치를 요구했습니다. 다시는 V가해자와 마주치는 일이 없도록 해달라는 극단적인 요구였습니다. 사업장은 피해자의 요구를 그대로 수용해야 하는 줄로 착각했고, V가해자에게 재택근무를 지시했습니다. V가해자의 재택근무는 한두 달이 아닌, 5년 이상 이어졌습니다. 사실상 V가해자는 사무실에서 분리된 채로 '유배'와도 같은 상황에 놓였고, 이는 개인에게도 조직 운영 측면에서도 부담이 되는 결과를 낳았습니다.

E. B피해자의 대응

B피해자는 직장 내에서 V가해자와의 어떠한 접점도 없기를 원했습니다. V가해자가 사업장 내에 있는 것만으로도 몸이 떨리고 위축된다

고 밝혔고, 이에 따라 가능한 최대한의 공간적 분리를 요청했습니다.

F. 조직 내부의 대응

조직은 B피해자의 요구에 따라 가해자를 완전히 분리된 형태로 관리했습니다. 공식적으로는 재택근무였으나, 실제로는 장기적인 유배 조치에 가까웠습니다. 분리 조치의 종료 시점이나 경과에 대한 주기적인 재검토는 이루어지지 않았습니다.

G. 외부 기관의 대응

외부 신고나 별도 개입은 없었습니다.

H. V가해자의 반응

V가해자는 재택근무 조치가 장기화되면서 업무상 소외감을 호소하기 시작했습니다. 조직 구성원들과의 관계도 단절되었으며, 본인의 상황을 '사무실에서 추방당한 상태'로 인식했습니다. 이후에는 불합리한 조치라고 판단하며 이의를 제기하기도 했습니다.

I. 피해자 및 주변인에게 남겨진 영향

B피해자는 조직의 적극적인 조치로 인해 일정 부분 안정감을 찾았습니다. 하지만 시간이 흐르며 조직 내에서 "언제까지 이 조치가 유지되어야 하는가"에 대한 의문이 생겨났습니다. 조직 내에서 V가해자에 대한 소문과 오해도 확산되었습니다.

J. 시사점

이 사례는 피해자 보호 조치가 필요하긴 하나, 그 조치의 방식과 기간에 대해 지속적인 점검과 균형이 필요하다는 점을 시사합니다. 피해자 보호조치는 피해자의 권리 보장을 위한 수단입니다. 하지만 분리의 방식과 기간이 적정했는지에 대해서는 고민이 필요합니다. 괴롭힘의 내용과 정도, 가해자의 반응, 회복 가능성 등을 종합적으로 판단해 조치의 수위를 정해야만 피해자와 가해자 모두의 권리가 균형 있게 존중될 수 있습니다. 균형을 잃으면 자칫 가해자에 대한 과도한 배제와 권리 침해가 발생할 수 있다는 점도 함께 고려해야 합니다.

사례 2) 피해자니까 3년 유급휴직 해주세요.

"고용부 매뉴얼에 3년 보호기간이 있긴 한데, 그게 그 기간 내내 유급휴직 해주라는 건 아니잖아요?"(피해자, 성별 비공개)

고용노동부의 직장 내 괴롭힘 대응 매뉴얼에는, 괴롭힘을 신고한 피해자에게 인사상 불이익을 주지 않아야 하며, 그 보호기간은 3년을 권고한다는 내용이 담겨 있습니다. 이 조항은 피해자가 문제 제기 이후 불이익을 받지 않도록 최소한의 안전장치를 마련한 취지입니다. 그런데 본 사례의 B피해자는 이 권고사항을 임의로 해석했습니다. 피해자 보호 조항이 과도하게 확대 해석될 경우, 조직 운영에 어떤 부담을 초래할 수 있는지를 잘 보여주는 사례였습니다.

A. 사례자: 피해자/목격자

B. 피해자: 남녀 다수, 연령대 미상, 사측 담당자 및 고충처리 대응부서

C. B피해자: 여성, 40대, 정규직, 괴롭힘 피해를 신고한 뒤, 과도한 요구를 통해 조직에 부담을 준 인물

D. 발생한 사건과 배경

본 사건의 B피해자는 괴롭힘을 신고한 이후, "3년간 유급휴직"을 요구했습니다. 그는 고용노동부 매뉴얼에서 피해자의 의견을 반영하여 사건 조치를 하도록 되어 있다는 점을 근거로 들며, 자신의 요구는 정당하다고 주장했습니다. 사측은 이 요구가 타당한지를 검토하기 위해 외부 자문을 의뢰했습니다. 그 결과, 3년간 유급휴직은 매뉴얼에서 규정한 '보호 조치'의 일반적인 수준을 넘어선다는 의견이 나왔습니다. 매뉴얼은 권고사항일 뿐, 법적 강제력이 있는 조항은 아니며, 유급휴직은 개별 사안의 심각성과 조직 여건을 고려해 판단해야 한다는 조언이 었습니다. 하지만 B피해자는 설명을 듣고도 수용하지 않고, 요구를 거절한 것에 대해 "노동청 신고하겠다"라고 반발했습니다.

E. 피해자(또는 피해자 가족)의 대응

사측은 피해자의 요구를 수용할 수 없다고 판단하고, 매뉴얼의 취지와 자문 결과를 상세히 설명했습니다. 이후에도 추가 요구가 이어지자, 대응을 최소화하면서 공식 절차에 따른 안내만 유지하는 방식으로 전환했습니다.

F. 조직 내부의 대응

조직은 외부 자문과 내부 검토를 거쳐 해당 요구는 타당하지 않다는 결론을 내렸습니다. 이후 B피해자의 추가 요구에 대해서도 형평성과 합리성을 기준으로 대응 방침을 마련하였습니다.

G. 외부 기관의 대응

실제로 노동청에 정식 신고가 접수되진 않았으며, B피해자의 위협 수준에서 끝났습니다.

H. B피해자의 반응

B피해자는 사측의 설명에도 불구하고 자신의 요구가 충분히 정당하다고 판단했고, "조직이 피해자를 보호할 의지가 없다"라며 반발했습니다. 제도적 권리를 넘어서는 요구가 수용되지 않은 데 대해 강한 불만을 표했습니다.

I. 피해자 및 주변인에게 남겨진 영향

사측 담당자는 괴롭힘 피해자 보호의 필요성에는 동의했으나, 이후 유사 사례에서도 비슷한 요구가 나올 가능성을 우려하게 되었습니다. 일부 부서에서는 피해자 보호 절차를 안내할 때 신중하게 표현을 선택해야 한다는 내부 가이드라인이 필요하다고 사측에 호소하기도 했습니다.

J. 시사점

이 사례는 괴롭힘 피해자를 보호하려는 제도적 장치가 무제한적 권리로 해석될 때 발생할 수 있는 문제를 보여줍니다. 고용노동부 매뉴얼은 피해자의 회복과 2차 피해 예방을 위한 권고 기준이지, 피해자의 모든 요구를 무조건 수용하라는 의미는 아닙니다.

피해자 보호의 본래 취지는 피해자의 회복과 안전한 복귀를 위한 최소한의 장치입니다. 정당한 보호 요구는 존중받아야 하되, 무제한적 권리로 악용되면 신뢰와 절차에 기반한 조직 대응 시스템이 흔들릴 수 있습니다. 조직은 피해자의 요구에 성실히 응답할 의무가 있지만, 그 요구가 합리성과 균형을 넘어설 경우에는 명확한 근거와 절차에 따라 판단할 필요가 있습니다. 피해자 스스로도 제도적 장치를 개인의 이익 추구 수단으로 삼지 않도록 제도의 취지와 범위를 정확히 이해해야 합니다.

사례 3) 나 피해자인데 점수 고작 이것밖에 안 줘요

"힘들었던 건 알지만, 그래도 일 안 한 것도 사실이잖아요. 피해 안 볼 만큼 점수 나눠준 걸 고마워하지도 않고, 오히려 자기 점수 적다고 난리 치는 거 보고 정말…."(피해자, 성별 미상)

직장 내 괴롭힘을 신고한 피해자가 사측의 부적절한 대응으로 인해 2차 피해를 겪는 경우는 드물지 않습니다. 늘어지는 절차와 2차 가해 등으로 이전과 같은 생산성을 내기 어렵습니다. 하지만 이런 피해자를 배려했던 동료들은 오히려 적반하장의 상황을 겪어야 했습니다.

A. 사례자: 피해자/목격자

B. **피해자:** 남녀 다수, 연령대 미상, 정규직, B피해자와 같은 부서의 동료들

C. **B피해자:** 여성, 30대, 정규직, 괴롭힘 피해자였으나, 동료들에게 정서적 갈등과 피로를 유발하게 된 인물

D. 발생한 사건과 배경

본 사례의 B피해자는 직장 내 괴롭힘 신고 후 약 반년간 업무를 수행하기 어려웠고, 복귀 후에도 PTSD로 고통받았습니다. 같은 부서 동료들은 그가 근무평가에서 불이익을 받지 않도록 본인들의 실적 점수를 나눠주며 배려했습니다. 그러나 B피해자는 고마워하기는커녕 자신에게 배정된 점수가 적다며 불만을 표출했습니다. 심지어 다른 부서원들 앞에서 동료들끼리 점수를 나눠 가지면서 자신을 소외시켰다고 험담하기도 했습니다.

동료들은 B피해자와 정서적 거리를 두게 되었고, 초기의 연대와 지지는 점차 사라졌습니다. 이 사례는 피해자 지원이 이루어져도, 피해자의 태도에 따라 공동체의 신뢰와 연대가 무너질 수 있음을 보여줍니다.

E. 피해자(또는 피해자 가족)의 대응

피해자들은 초기에 B피해자를 위해 적극적인 배려를 했으나, 반복되는 불만과 부정적 반응에 실망감을 느끼고 정서적 거리두기를 하게 되었습니다.

F. 조직 내부의 대응

실적 점수 배분은 부서 자율로 이루어진 것으로, 조직 차원의 공식 개입은 없었습니다.

G. 외부 기관의 대응

외부 기관의 개입은 없었습니다.

H. B피해자의 반응

B피해자는 점수 배분 방식에 대해 계속해서 불만을 표현하며, 피해자들이 자신을 배제한다고 주장했습니다. 이러한 불만은 공개적인 험담으로까지 이어졌습니다.

I. 피해자 및 주변인에게 남겨진 영향

피해자들은 진심을 왜곡당했다는 느낌을 받았고, 이후 B피해자와의 관계에서 조심스러운 태도를 보이게 되었습니다. 조직 내에서도 B피해자의 입지는 점차 좁아지게 되었습니다.

J. 시사점

피해자를 보호하고 회복을 돕는 과정은 공동체의 연대와 신뢰를 바탕으로 이뤄집니다. 하지만 그 과정에서 피해자의 반응이 오해와 불신을 유발하게 되면, 결국 그 지지 기반이 무너질 수 있습니다. 특히 타인의 배려와 지원을 '당연한 몫'처럼 받아들이는 태도는 장기적으로 본인의 고립을 불러올 수 있습니다. 피해자의 권리는 존중되어야 하지만, 적절한 요구 수준에 대한 균형 감각 또한 피해자 스스로 갖춰야 할 필요가 있습니다.

사례 4) 너희들도, 또 너희들도 모두 나 괴롭히는 거지

"말 한마디 자기 마음에 안 든다고 폭언이니 차별이니 날뛰는데 어떻게 같이 일해요. 다들 피하게 되는 거죠."(피해자, 성별 미상)

한번 괴롭힘 피해를 입증받은 피해자가 반복하여 다른 사람을 계속 신고하는 경우도 있습니다. 이런 신고가 계속 반복되면, 과연 처음 입증된 괴롭힘 피해도 사실일까 하는 의심을 불러일으킵니다. 또한, 이후에 신고하는 다른 피해자들도 마찬가지로 의심 어린 눈초리를 받게 될 수 있습니다. 특히나 사측의 입장에서는 신고 처리에 고민하지 않을 수 없습니다.

A. 사례자: 피해자/목격자

B. 피해자: 남녀 다수, 30~40대, 같은 부서 동료들

C. B피해자: 여성, 30대, 정규직, 초기에는 정당한 괴롭힘 피해자였으나, 반복 신고로 주변인들에게 괴로움을 준 인물

D. 발생한 사건과 배경

괴롭힘 피해를 입증받은 B피해자는 사측에 부서 이동을 요구했고, 희망대로 다른 부서에 발령받았습니다. 새로운 부서에서도 모든 부서원을 가해자로 신고했고, 또 다른 부서로 이동했습니다. 이후에도 같은 패턴이 반복되었습니다. B피해자의 신고가 있을 때마다 해당 부서는 조사로 인해 업무가 마비되다시피 했습니다. 구성원들 간의 불신도 높

아졌습니다.

B피해자가 정말 운이 좋지 않아 연이어 부적절한 환경에 배치되었을 가능성도 있습니다. 그러나 첫 괴롭힘 사건 이후, B피해자의 주장은 객관적으로 '괴롭힘'이라 보기 어려운, 모호한 사례가 대부분이었습니다. 괴롭힘이란 피해자 판단에만 의존하여 자동으로 성립하는 것이 아니라, 사회 통념에 비추어 '상식적'인 범위 내에서 판단되어야 합니다. 국내외의 판례에서도 "지나치게 민감한 피해자의 기준에 맞출 수는 없다"라고 언급되기도 했습니다.

본 사례의 B피해자는 첫 사건 이후 정서적으로 민감한 상태였고, 그로 인해 중립적인 언행도 괴롭힘으로 여겼을 가능성이 있습니다. 하지만 그런 이유로 주변인을 모두 가해자로 간주하게 되면, 억울한 사람에게 누명을 씌우는 결과가 됩니다. 또한 이러한 신고가 반복되면 B피해자뿐 아니라, 다른 피해자의 신뢰도까지 저해하는 악영향을 줄 수 있습니다.

E. 피해자(또는 피해자 가족)의 대응

억울하게 신고된 피해자들은 당황과 억울함을 호소했고, 반복적인 신고로 인해 정서적 피로감을 느끼며 업무에 집중하기 어려운 상황에 놓이게 되었습니다.

F. 조직 내부의 대응

초기에는 피해자 보호를 위한 적극적인 전보조치가 이루어졌으나, 반복된 신고로 인해 조직은 점차 회의적인 입장을 취하게 되었습니다.

G. 외부 기관의 대응

외부 기관에 신고되지 않아 아무런 조치가 없었습니다.

H. B피해자의 반응

B피해자는 자신이 받은 조직의 대응에 대해 불신을 갖고, 점차 더 많은 동료를 가해자로 지목하며 반복적인 신고를 이어갔습니다. 제3자의 입장에서 보면 도저히 괴롭힘이나 부적절한 언행이라고 보기 어려운 상황을 계속해서 신고하고 불만을 표출했습니다.

I. 피해자 및 주변인에게 남겨진 영향

조직 내에서는 '언제든 가해자로 지목될 수 있다'는 불안감이 커졌고, 협업을 기피하거나 피상적인 관계로만 일관하려는 태도가 생겼습니다. 일부 동료는 억울하게 신고된 뒤 회복에 어려움을 겪기도 했습니다.

J. 시사점

괴롭힘 피해자는 보호받아야 할 존재입니다. 하지만 '피해자'라는 지위는 고정적이지 않으며, 반복적이고 무분별한 신고는 주변에 정서적 피로와 억울함을 안길 수 있습니다. 괴롭힘 판단에는 사회적으로 합리적인 기준이 필요하며, 피해자가 느낀 감정만으로는 괴롭힘이 성립한다고 보기 어렵습니다. 이 사례는 '피해자가 괴롭힘이라고 하면 괴롭힘이다'라는 부적절한 인식이 주변 사람들을 모두 가해자로 몰아가는 왜곡의 위험성을 보여줍니다.

4. 과도한 피해자 중심주의가 주는 시사점

위 사례들은 과도한 피해자 중심주의의 문제점과 함께 다음과 같은 시사점을 남깁니다.

첫째, '피해자'라는 지위는 고정적이지 않습니다. 피해자는 당연히 보호받아야 하지만, 그 지위가 영원한 특권이 되진 않습니다. 반복적으로 과도한 부담이나 요구를 가하면 관계가 깨지고, 피해자에서 가해자로 역할이 바뀔 수 있습니다.

둘째, 지원은 '감정적 위로'가 아니라 '전문적 조력'이어야 합니다. 동료들은 감정 쓰레기통도, 상담사도 아닙니다. 끝없는 감정 토로는 오히려 주변을 지치게 하고, 피해자 자신을 고립시킬 수 있습니다. 조직은 이런 상황을 막기 위해 피해자가 전문 상담사나 법률 전문가로부터 도움을 받을 수 있도록 지원해야 합니다.

셋째, 도움을 주는 사람을 소진시켜선 안 됩니다. 노조 임원, 고충처리위원, 조사관, 동료들이 피해자를 돕겠다는 의지를 보이더라도, 피해자가 이들을 '비서'처럼 부리거나 감정의 분풀이 대상으로 삼으면 결국 지치고 신뢰가 깨지게 됩니다. 한번 깨진 신뢰는 회복하기 어렵고, 이후에 다른 피해자가 나왔을 때는 주변의 도움을 구하기가 더욱 힘들어집니다.

넷째, 과도한 권리 주장은 신뢰를 무너뜨립니다. 피해자 중심 원칙은 무조건 피해자의 요구를 수용해 줘야 한다는 뜻이 아닙니다. 규범과 제도는 합리성과 상식을 기반으로 운영되어야 하며, 다른 사람의 권리와도 조화를 이루어야 합니다.

다섯째, 주관적 민감성과 사회적 합리성 사이에는 균형이 필요합니다. 한번 피해를 겪은 피해자가 주변 환경에 민감해지는 것은 당연합니다. 하지만 그것이 지나쳐서 동료의 일상적이고 평범한 언행에도 과민하게 반응하고 반복적으로 문제를 제기한다면, 자칫 처음에 인정받았던 괴롭힘 피해조차 의심받게 될 수 있습니다. 그 여파는 당사자뿐만 아니라 다른 피해자에게도 닿게 됩니다.

여섯째, 관계 중심의 피해 감수성 교육이 필요합니다. 괴롭힘 예방 교육은 가해 방지만 다뤄선 안 됩니다. 피해자도 공동체 속에서 타인과 어떻게 조화를 이루며 회복할 수 있을지를 배워야 합니다. 이를 통해 불필요한 갈등의 재발을 막을 수 있습니다.

피해자 중심주의는 반드시 지켜야 할 소중한 원칙입니다. 하지만 일방적 감정에 따라 오용되면, 새로운 피해자를 만들고, 자칫 진짜 가해자에게 면죄부를 주는 구조로까지 변질될 수 있습니다. 직장 내 괴롭힘 문제는 고통을 멈추는 것만이 아니라, 어떻게 회복할지의 문제까지 함께 다뤄야 합니다. 이 과정에서 피해자도 정서적 균형과 책임감을 가져야 하며, 조직은 이를 공정하고 체계적으로 지원할 준비가 되어 있어야 합니다.

정리하며: 왜 스스로를 가해자가 아니라고 믿는가?

이 책을 쓴 목적은, 우리가 일상에서 마주치는 '보이지 않는 가해'를 들여다보고, 이에 대한 사회적 인식의 한계를 비판적으로 성찰해 보고자 함이었습니다. 몇몇 악의적인 사람들의 일탈을 지적하려는 것이 아닙니다. 오히려 스스로를 '정상' 혹은 '정당한 사람'이라 여기는 이들, 그리고 그들을 중심으로 작동하는 조직과 사회가 어떻게 가해의 구조를 형성하고 지속시키는지를 함께 고민해 보고 싶었습니다.

다년간의 직장 내 괴롭힘 예방 교육을 통해 이제는 상사가 후임에게 가하는 전형적인 1차 가해에 대해서는 어느 정도 인식이 높아졌습니다. 그 외에도 수많은 가해의 얼굴들이 존재하지만, 안타깝게도 다양한 형태의 가해에 대한 사회적 감수성은 함께 자라나지 못했습니다. 그 결과, 많은 행위들이 묵인되거나 아예 가해로 인식조차 되지 않는 경우가 빈번합니다. 그렇게 사각지대가 생기고, 그 안에서 피해자가 고립되며 방치됩니다.

예를 들어, 사업주 본인이나 측근이 부적절한 언행을 했을 때, 그들이 가진 강력한 권력으로 인해 피해자는 쉽게 문제를 제기하지 못합니다. 이처럼 신고가 드물게 이루어지다 보니, 가해자들은 오히려 자신들이 잘못한 것이 없다고 착각합니다.

같은 직급이나 후임인 동료가 부적절한 언행을 했을 때는 공식적인 '우위 관계'가 없다는 이유로 괴롭힘으로 인정되지 않기도 합니다. 그러나 공식적 위계가 없다고 해서 권력관계가 없는 것은 아닙니다. 연대의 힘, 비공식적 영향력, 조직 내의 분위기 등은 충분히 누군가를 위협하는 수단이 될 수 있습니다.

2차 가해의 사례를 보면, 가해자가 자신의 언행을 "그저 내 의견을 말했을 뿐", "피해자를 위하는 마음에서 나온 말"이라고 정당화하곤 합니다. 2차 가해가 마치 정의롭고 합리적인 조치처럼 보이도록 포장되기도 하기에 본인 스스로도 그 행위의 폭력성을 인지하지 못하기도 합니다.

한 사건에서 피해자였던 사람이 시간이 지나면서 과도한 보호나 보상, 도움을 요구하게 되는 경우도 있습니다. 만약 그 요구가 주변 사람들에게까지 고통을 주는 수준에 이른다면, 그 순간부터는 피해자가 가해의 위치에 서게 될 수도 있습니다. 하지만 이 역시 쉽게 말하기 어려운 문제입니다. 피해자였다는 사실 하나만으로 그들의 이후 행동에 대한 문제 제기조차 '2차 가해'로 취급받는 분위기가 있기 때문입니다.

이러한 혼란은 결국 우리가 사건 그 자체보다는 맥락에 과도하게 의존하여 판단하려는 경향에서 비롯됩니다. 아닌 것을 그렇다고 여기거나, 분명한 문제를 아닌 것처럼 착각하는 일이 반복되는 것입니다. 이 책을 통해 그러한 사회적 인식의 왜곡과 혼란을 함께 돌아보고 싶었습니다.

그렇다고 이 책이 누군가를 비난하고 손가락질하기 위해 쓰인 것은 아닙니다. 이 책은 더 나은 사회, 더 건강한 조직, 누구도 배제되지 않는 공동체를 만들기 위해 우리가 함께 고민해야 할 지점들을 이야기한 것입니다.

  진정으로 괴롭힘 없는 사회, 모두가 보호받을 권리를 온전히 누릴 수 있는 사회, 법과 제도의 사각지대에 방치되는 피해자가 없는 사회, 동시에 제도의 악용으로 누군가가 억울하게 고통받지 않는 사회. 그런 사회를 향하고자 하는 마음은 우리 모두가 공감하고 있을 것입니다. 이 책이 그 여정의 작은 출발점이 되기를 바랍니다.